Josef F. Justen

Geschichten über Gott,
Engel und Menschen

tiefsinnige Kurzgeschichten

– Band 2 –

AF206581

*Kein Mensch kann
eine Geschichte erfinden.*

*Alles, was in Geschichten erzählt wird,
ist schon einmal irgendwo
– zumindest in sehr ähnlicher Weise –
in der Wirklichkeit passiert
oder aber es wird in der
Zukunft irgendwo geschehen.*

Josef F. Justen

Geschichten über Gott, Engel und Menschen

tiefsinnige Kurzgeschichten

– Band 2 –

Bibliografische Information der Deutschen Nationalbibliothek:
Die Deutsche Nationalbibliothek verzeichnet diese Publikation
in der Deutschen Nationalbibliografie; detaillierte
bibliografische Daten sind im Internet über dnb.dnb.de abrufbar.

Titelfoto: »Mood« © Hagertal (Foto von pixabay)

Herstellung und Verlag:
BoD – Books on Demand, Norderstedt

ISBN: 9783749471942

Inhaltsverzeichnis

Die merkwürdige Bettlerin

Andrea war an diesem Tage, der sich noch als äußerst denkwürdig erweisen sollte, spät dran. Sie musste etwas länger arbeiten als üblich.

Eilig räumte sie notdürftig ihren Schreibtisch auf und schaltete ihren Computer aus. Dann machte sie sich etwas schneller als sonst auf den Weg zum Bahnhof, wo sie noch den letzten Bahnbus erreichen musste, der sie in ihr acht Kilometer entferntes Heimatstädtchen bringen sollte.

Als sie endlich etwas außer Puste am Bahnhof angekommen war, sah sie auf der Treppe zur Eingangshalle eine alte Frau sitzen. Obwohl die Zeit schon sehr drängte, zog sie der Anblick der alten Frau in ihren Bann.

Die Alte war mit einem schäbigen Umhang bekleidet, der für die Jahreszeit viel zu warm war. Auf dem Kopf trug sie einen abgenutzten, völlig altmodischen Hut. Ihre rechte Hand streckte sie leicht nach oben geöffnet aus.

Andrea erkannte, dass die Frau offensichtlich um eine milde Gabe bat. Die anderen Passanten gingen an der Alten vorbei, als ob sie diese gar nicht bemerkt hätten. Obwohl Andrea in rechter Zeitnot war, brachte sie es nicht übers Herz, einfach an ihr vorüberzugehen. Sie schaute hektisch zur Bahnhofsuhr und kramte nach etwas Kleingeld in ihrer Geldbörse.

»Es ist noch zu früh für dich!«, sagte die Alte mit leiser und freundlicher Stimme. Andrea schaute etwas verwundert und dachte: »Woher will die wissen, welchen Bus ich nehmen möchte?« Dann legte sie ein paar Münzen in die Hand der Bettlerin und verabschiedete sich freundlich.

Als sie eiligst in Richtung Bahnsteig zu rennen begann, sah sie schon von weitem, dass der Bus losfuhr. Andrea war natürlich recht verärgert. Schließlich blieb ihr jetzt nichts anderes übrig, als den langen Weg zu Fuß zu gehen.

Als sie wenige Augenblicke später den Bahnhof wieder verließ, fiel ihr auf, dass die alte Frau nicht mehr dort saß. Andrea war ziemlich verdutzt. »Die kann sich doch nicht in Luft aufgelöst haben«, dachte sie. Ihre Verwunderung steigerte sich noch, als sie die Münzen, die sie ihr in die Hand gedrückt hatte, auf dem Boden liegen sah. »War ihr das nicht genug?«, fragte sie sich und hob die Münzen wieder auf.

Ohne noch lange über dieses seltsame Erlebnis nachzusinnen, machte sie sich auf den langen Heimweg. Zum Glück kannte sie einige Abkürzungen und Schleichwege, so dass sie nicht den langen Weg nehmen musste, den der Bus fuhr.

So waren es vielleicht nur gut sechs Kilometer, die sie zu bewältigen hatte. Unterwegs musste sie dann doch wieder an die merkwürdige Bettlerin denken. Je länger sie darüber nachsann, desto mehr fiel ihr auf, dass die Alte eine gewisse Ähnlichkeit mit ihrer vor Jahren verstorbenen Großmutter, zu der sie stets ein sehr inniges Verhältnis gepflegt hatte, aufwies.

Am nächsten Tag erfuhr Andrea aus der Zeitung, dass der Bus, den sie am Vorabend verpasst hatte, einen schweren Unfall hatte.

Vermutlich durch eine Unachtsamkeit des Fahrers war er von der Fahrbahn abgekommen und eine Böschung hinuntergestürzt.

Elf der Fahrgäste erlitten lebensgefährliche Verletzungen, an denen fünf wenige Tage später starben!

Das Kind, das sein Schicksal nicht leben durfte

Eine Menschenseele stand unweit des Himmelstores und schaute auf die Erde herab. Die Seele wusste, dass es bald wieder an der Zeit sein wird, als Menschenkind auf der Erde geboren zu werden.

In der langen Zeit, die sie in den himmlischen Gefilden verbracht hatte, ist ihr vieles von dem, was sie im letzten Erdenleben an nützlichen und weniger nützlichen Taten vollbracht hatte, klar vors Seelenauge getreten.

Ihr Engel trat an die Seele heran und sprach: »Jetzt wird es nicht mehr lange dauern, bis du wieder auf die Erde geschickt wirst.«

Die Seele hüpfte voller Vorfreude. Der Engel sagte: »Es ist schön, dass du dich freust, wieder als Menschenkind geboren zu werden. Aber dein nächstes Leben wird nicht ganz einfach werden.«

»Das ist mir ganz egal!«, entgegnete die Seele. »Hauptsache ich kann wieder auf die Erde, um mich weiterzuentwickeln.«

Der Engel fuhr fort: »Es ist gut, dass du das so siehst! Aber dein neues Erdenleben wird wirklich sehr, sehr hart werden. Um einen wirklich großen Schritt in deiner Entwicklung machen zu können, musst du ein Leben führen, das dich in vielerlei Hinsicht stark einschränken, das dir etwas sehr Schweres auferlegen wird.«

»Was habe ich zu tun?«, fragte die Seele neugierig und voller Tatendrang.

»Nun, du musst ganz radikale Erfahrungen machen. Du musst mit einer schweren Behinderung zur Welt kommen. In einem solchen Leben wirst du vieles erfahren und lernen, was du bisher noch nicht kennengelernt hast und was dein Erdenleben sehr beeinträchtigen wird«, sprach der Engel ein wenig mitleidig.

»Was sind das für Beeinträchtigungen?«, wollte die Seele wissen. »Nun, du wirst in der Schule nicht gut vorankommen. Vielleicht kannst du auch gar nicht zur Schule gehen. Einen Beruf wirst du wohl auch nicht ausüben können. Dann musst du gewiss häufig mitleidige Blicke oder gar Spott deiner Mitmenschen ertragen. Und du wirst dein ganzes Leben lang auf die Hilfe anderer angewiesen sein. Aber ein solches Leben ist für dich eine Notwendigkeit, um dich höher entwickeln zu können«, antwortete der Engel.

»Das ist doch alles nicht schlimm! Das ist doch der Sinn unserer gesamten Existenz, dass wir Menschenseelen uns weiterentwickeln«, platzte es aus der Menschenseele heraus.

»Also gut!«, sagte der Engel. »Dann komme einmal ganz nah ans Himmelstor und schaue auf die Erdenmenschen herunter! Vielleicht sehen wir ein Menschenpaar, das für dich als Eltern in Frage kommen könnte.«

Die Menschenseele schaute voller Neugier und ganz aufgeregt auf etliche Paare. Doch schon erstaunlich schnell schien sie ihre Entscheidung getroffen zu haben. »Die beiden da unten, die gerade daheim beim

Abendessen sitzen, die sollen meine Eltern werden! Schicke mich bitte sofort zu ihnen!«

Der Engel zögerte ein Weilchen und meinte dann: »Ich glaube, das könnte schwierig werden! Ich bin mir nicht ganz sicher, ob die beiden wirklich für deine große Mission die richtigen Eltern sind.«

»Ach bitte!«, flehte die Menschenseele, die jetzt schon eine tiefe Liebe zu der als Mutter erkorenen Frau empfand und fuhr fort: »Genau die beiden möchte ich als meine Eltern! Bitte, lieber Engel, erfülle mir diesen Wunsch!«

Der Engel blieb eine ganze Weile still. Er zweifelte daran, dass die gewählten Menschen für das Vorhaben geeignet seien. Er beriet sich noch kurz mit einem Engel höherer Ordnung. Der Engel zögerte immer noch. Doch dann sprach er: »Nun gut, geliebte Seele, so soll es denn geschehen!«

Er nahm seinen Schützling noch einmal behutsam und liebevoll in seine Flügelarme und entließ ihn auf die Erde.

Die von der Seele als neue Eltern erwählten Menschen waren Werner und Karin Prigge. Das Ehepaar wünschte sich schon seit ein paar Jahren nichts sehnlicher als ein Kind. Herr Prigge wollte unbedingt einen Sohn, der später einmal die Leitung seiner Firma von ihm übernehmen könnte.

Die beiden hatten die Hoffnung, Eltern zu werden, fast schon ein wenig aufgegeben, als Frau Prigge plötzlich das Gefühl hatte, schwanger zu sein. Sie eilte zur Apotheke und besorgte sich einen Schwangerschaftstest, den sie noch am gleichen Tage machte. Das Ergebnis war eindeutig: Frau Prigge war schwanger. Die Freude des Paares war riesengroß. Sie konnten ihr Glück kaum fassen.

Mittlerweile war Frau Prigge schon in der zehnten Schwangerschaftswoche. Die Seele fühlte sich im Leib ihrer Mutter pudelwohl und konnte ihre Geburt kaum erwarten. Bei einer Vorsorgeuntersuchung sagte der Arzt Frau Prigge, dass sie einen Jungen bekommen werde. Das beglückte insbesondere Herrn Prigge, der sich ja so sehr einen Sohn wünschte.

Immer wieder malten sich die angehenden Eltern aus, wie schön es wohl sein würde, ein Kind haben und aufwachsen sehen zu dürfen. Schon recht bald richteten sie für ihr Kind ein Zimmer ein, in dem es an nichts fehlte.

Eines Abends meinte Herr Prigge zu seiner Frau: »Du Liebling, irgendwie habe ich Angst, dass unser Kind krank oder mit einer Behinderung zur Welt kommen könnte. Vielleicht solltest du noch einmal deinen Arzt aufsuchen und von meiner Sorge berichten. Es gibt doch heute schon so viele Möglichkeiten, das im Vorfeld zu diagnostizieren.«

Frau Prigge konnte diese Befürchtung eigentlich nicht so ganz teilen, befolgte aber dann doch den Rat ihres Mannes.

Nachdem sie ihrem Arzt von ihrer Besorgnis, die ja im Grunde nur eine Besorgnis ihres Mannes war, berichtet hatte, sprach er: »Ja, es gibt heute in der Tat Methoden, um herausfinden zu können, ob ein Kind mit einer Krankheit oder mit einer Behinderung zur Welt kommen wird. Diese Verfahren sind sehr zuverlässig.«

So entschloss man sich zu einer pränatalen Diagnostik.

Das Ergebnis, dass der Arzt den Eheleuten Prigge kurze Zeit später mitteilte, war niederschmetternd: Bei dem Embryo wurde ein genetischer Defekt, eine Chromosomenstörung festgestellt. Der Arzt meinte: »Ihr Ungeborenes hat einen schweren Gendefekt. Es tut mir sehr leid! Es ist Ihre Entscheidung, ob sie das Kind zur Welt bringen wollen!«

Das Ehepaar war entsetzt und todtraurig. Sie konnten es einfach nicht fassen, dass ausgerechnet sie so viel Pech hatten. Ein paar Tage waren sie wie paralysiert. Auch die kleine Seele merkte, dass irgendetwas nicht stimmte.

Eines Abends, als die beiden in der Stube beieinander saßen, versuchten sie, ihre Gedanken und Gefühle zu ordnen und in Worte zu fassen.

Herr Prigge begann: »Es ist für mich immer noch wie ein Alptraum. Ich kann es nicht verstehen, dass ausgerechnet unser Kind nicht gesund sein soll! Keiner von uns, unseren Eltern und Geschwistern hat so einen Gendefekt! Warum trifft es ausgerechnet unser Kind? Es gibt so viele Paare, die kerngesunde Kinder bekommen haben und sich anschließend gar nicht um

sie kümmern. Wir könnten einem Kind alles bieten.«
Frau Prigge entgegenete: »Ja, es ist ganz furchtbar.
Ich kann es auch nicht verstehen. Aber wir können
doch auch ein behindertes Kind lieb haben und alles
für es tun!«

Ihr Mann schwieg eine Weile. »Das ist sicher richtig,
aber es sagt sich auch sehr leicht! Weißt du eigent-
lich, was dieser genetische Defekt bedeutet?«, sagte
er dann. »Ja, ich glaube schon«, meinte sie. Herr
Prigge fuhr fort: »In den ersten Jahren mag das alles
noch gar nicht einmal so dramatisch sein. Aber das
Kind wird ja auch älter. Es wird wohl nie eine nor-
male Schule besuchen können. Es wird nie ein eigen-
ständiges Leben führen können. Und ich hätte, wie du
weißt, so gerne einen Sohn gehabt, der später einmal
die Leitung meiner Firma übernehmen könnte.«
    Dann schwieg er eine Weile, um schließlich fortzu-
fahren: »Du darfst es auf gar keinen Fall zur Welt
bringen!«

Seine Frau war schockiert. »Wie könnte ich ein Kind
abtreiben lassen, das ich schon seit Wochen unter
meinem Herzen trage und bereits sehr liebgewonnen
habe«, dachte sie und verließ wortlos die Stube.

An den folgenden Tagen musste sie sehr häufig an
das Gespräch mit ihrem Mann denken. »Vielleicht hat
er ja doch nicht ganz unrecht. Aber ich könnte eine
Abtreibung niemals mit meinem Gewissen vereinba-
ren«, dachte sie manchmal.

Dann beschloss sie, sich noch von einigen anderen Menschen Rat zu holen.

Schon am folgenden Tag suchte sie den Pfarrer auf und berichtete ihm von ihrem Gewissenskonflikt. Der Pfarrer sprach: »Liebe Frau Prigge, wie Sie wissen, liebt Gott natürlich auch ein behindertes Kind. Nur Er allein weiß, warum gerade Ihrem Kind ein solches Schicksal bevorsteht. Ob Sie das Kind behalten wollen, ist ausschließlich Ihre Entscheidung. Gott wird es verstehen, egal wie Sie sich entscheiden.« Frau Prigges Hoffnung, dass der Pfarrer ihr eindeutig zureden würde, das Kind auszutragen, wurde jäh zerstört.

Ein Paar Tage später traf sie sich mit ihrer besten Freundin, deren Meinung ihr immer sehr wichtig war.

Nachdem sie ihr alles erzählt hatte, nahm ihre Freundin sie in den Arm und sagte: »Ach Karin, das ist ja alles ganz furchtbar! Das tut mir so leid für dich! – Willst du denn das Kind bekommen?« Frau Prigge antwortete zögerlich: »Eigentlich war ich mir sehr sicher, dass ich es bekommen möchte, aber mittlerweile wachsen meine Bedenken mehr und mehr.«

Die Freundin entgegnete: »Ja Karin, überlege dir das gut! Eine meiner Arbeitskolleginnen hat vor vielen Jahren ein Kind zur Welt gebracht, das wohl den gleichen Gendefekt hatte. Ich weiß wie viele Einschränkungen und Probleme das für die ganze Familie nach sich gezogen hat. Das Kind kam später in ein Pflegeheim. Die Kosten, für die die Eltern zumindest teilweise aufkommen mussten, waren gigantisch. Dieses Schicksal hat letztlich die ganze Familie zerstört.«

Frau Prigge war nun schon sehr nahe dran, ihre Meinung, das Kind austragen zu wollen, zu ändern.

Sie vereinbarte noch einen Termin bei ihrem Arzt, dessen Einschätzung sie auch hören wollte.

Ohne sich groß mit der Vorrede aufzuhalten, sagte ihr Arzt: »Vermutlich wissen Sie ja schon, was dieser Gendefekt bedeutet. Ihr Kind wird mit an Sicherheit grenzender Wahrscheinlichkeit nie ein selbstbestimmtes Leben führen können. Es wird aller Voraussicht nach lebenslang ein Pflegefall sein und früher oder später in einem Heim untergebracht werden müssen. Bei dieser genetischen Störung kommt noch erschwerend hinzu, dass Ihr Kind möglicherweise einen schweren Herzfehler und die eine oder andere Fehlbildung aufweisen wird. Auch wird sein Immunsystem so geschwächt sein, dass es zu permanenten Infektionen kommen dürfte. Das ist doch kein Leben, weder für Ihr Kind noch für Sie. Also ganz ehrlich, Frau Prigge, wenn ich an Ihrer Stelle wäre, würde ich das Kind wegmachen lassen!«

Tieftraurig und hemmungslos weinend verließ Frau Prigge die Praxis.

Aber die Entscheidung, die sie sich wirklich nicht leicht gemacht hatte, war gefallen: Sehr zur Zufriedenheit ihres Mannes ließ sie ein paar Tage später die Abtreibung in einer Klinik durchführen.

Ganz traurig und unter Schmerzen löste sich die Seele ihres Kindes aus der mütterlichen Organisation.

Wieder in der Himmelswelt angekommen wurde sie von ihrem Engel, der schon auf sie am Himmelstor gewartet hatte, auf das Herzlichste in Empfang genommen.

Der Engel nahm seinen Schützling in seine Flügelarme und sprach: »Meine geliebte Menschenseele, sei nicht traurig! Leider wurde meine Befürchtung bestätigt, dass die von dir gewählten Eltern kein behindertes Kind haben wollten. Aber irgendwie hatte ich die Hoffnung nicht ganz aufgegeben, so dass ich mich letztlich deinem Wunsch gebeugt habe.«

»Jetzt war alles umsonst!«, schluchzte die Seele, die immer noch ganz enttäuscht und tieftraurig war.

»Nicht ganz!«, korrigierte der Engel. »Es ist richtig, dass du dein vorbestimmtes Leben, das für dich sehr wichtig gewesen wäre, nicht leben konntest. Das musst du später in einer ähnlichen Form nachholen. Aber die eigentlich ungeplanten Erfahrungen, die du einige Monate lang im Mutterleib machen konntest und insbesondere diese brutale Abtreibung waren auch nicht vergeblich. Auch sie werden dich weiterbringen.«

Das tröstete die Menschenseele ein wenig, deren Tränen langsam trockneten.

Frau Prigge fiel nach der Abtreibung in eine monatelange tiefe Depression. Sie machte sich große Vorwürfe, dass sie den Meinungen anderer Leute gefolgt war, statt auf ihr eigenes Gewissen zu hören.

Frau Prigge wurde nie wieder schwanger. Fünf Jahre später wurde ihre Ehe geschieden.

Das Jahr 2184

Im Jahre 2184 kam es zu einem der größten Wende-
punkte, die es in der Geschichte der Menschheit je-
mals gegeben hat.

Wir befinden uns heute im Jahre 2199. Und es soll
geschildert werden, wie es zu diesem überaus denk-
würdigen Jahr 2184, über das heute und vermutlich
auch noch in 100 Jahren viel gesprochen werden
wird, kommen konnte und was dort eigentlich ge-
schah.

Nie zuvor war die Schere zwischen Arm und Reich in
der Welt so groß wie um die Wende vom 20. zum 21.
Jahrhundert, also vor rund 200 Jahren. Auf der Son-
nenseite standen die mächtigen Industrienationen, die
rechtzeitig auf den Zug der Computer-Technologie,
namentlich der Künstlichen Intelligenz, kurz KI ge-
nannt, aufgesprungen waren, allen voran die USA,
Kanada, Europa, Russland, China und Japan. Der
Rest der Welt stand auf der Schattenseite und musste
Tag für Tag mehr denn je ums nackte Überleben
kämpfen. Schon Ende des 20. Jahrhunderts verspra-
chen die Politiker, alles daran zu setzen, diesen Miss-
stand zu beheben. Sie dachten dabei aber vorwiegend
an die Überwindung der sozialen Unterschiede in
ihrem eigenen Land. Das gelang dann auch in den
nächsten rund 100 Jahren. In den reichen Ländern gab
es schon deutlich vor 2184 keine Armut mehr.

Bereits zu Beginn des Digitalisierungszeitalters, An-
fang des 21. Jahrhunderts, war die Technologie recht

weit fortgeschritten. Fast jeder Mensch hatte ein Smartphone sowie den einen oder anderen KI-basierten Schnickschnack. Schon in dieser grauen Vergangenheit kommunizierten die Menschen beruflich wie privat sehr viel online via Mails, Chats und Skype.

Auf ihren Smartphones hatten sie unzählige Apps, einige nützliche und sinnvolle, viele weniger sinnvolle, etliche unsinnige und unnötige. Sie fühlten sich dadurch frei, merkten aber nicht, dass die permanente Nutzung der Apps sie ganz im Gegenteil unfrei und abhängig, ja geradezu süchtig machte. Nicht nur viele Kinder und Jugendliche, sondern durchaus auch Erwachsene befassten sich mehr mit ihren elektronischen als mir ihren menschlichen Freunden.

Damals wurden die Weichen gestellt, dass es dann später im 22. Jahrhundert zu den unfassbaren Auswüchsen kommen konnte. Einige weitsichtige Menschen hatten bereits vor knapp 200 Jahren die alarmierenden Anzeichen richtig erkannt, aber ihre Stimme wurde nicht gehört. Wie die Situation dann später eskalieren sollte, hätten sich allerdings selbst die größten Visionäre und Verschwörungstheoretiker nicht ausmalen können.

Schon damals hatten die Global Players der Szene wie etwa Amazon, Google, Apple und Microsoft – um nur einige zu nennen – eine gewaltige Macht. Diese wuchs dann im Jahre 2043 ins Unermessliche, als einer von diesen die übrigen schluckte und seitdem als gigantischer Weltkonzern »KI-first« firmierte. Immer wieder hatten Politiker aller Staaten und aller Parteien vor einer solchen Monopolstellung gewarnt. Aber verhindern konnten sie diese nicht.

Das Unternehmen KI-first hatte schon bald eine unvorstellbare Macht, der sich keiner entziehen konnte. Sämtliche Universitäten, Kliniken und Bildungseinrichtungen wurden in den 2050er Jahren unter die Hoheit dieses Unternehmens gestellt. Alle Wissenschaftler, Mediziner und Lehrer forschten, untersuchten, heilten und lehrten seitdem nach dessen Richtlinien und Vorgaben. Aber die meisten bemerkten das gar nicht so richtig; sie hielten sich und ihre Arbeit nach wie vor für unabhängig.

Natürlich gab es noch Regierungen in den einzelnen Ländern, die durchaus das eine oder andere Gesetz beschließen konnten, aber letztlich waren sie von KI-first abhängig. Im Grunde war es das Unternehmen KI-first, das die Welt regierte und beherrschte. Alle technischen Innovation kamen ausschließlich von diesem Konzern, und ein Staat kam fast nicht drum herum, diese zu nutzen, selbst wenn manche Politiker sie nicht immer für erstrebenswert gehalten haben sollten.

Im Grunde genommen waren die Politiker nur noch Marionetten in den Händen von KI-first, was allerdings kaum einem so richtig bewusst wurde. Vielleicht wollten sie es auch nur nicht wahrhaben.

Nachdem schon seit längerer Zeit Industrie-Roboter im Einsatz waren, wurde in den 2060er Jahren eine

Generation von Robotern serienreif, die für die Privatnutzung gedacht war. Schon bald gab es in jedem Haushalt einen solchen elektronischen Dienstknecht. Diese schauten anfangs noch wie Stahlmonster aus und bewegten sich recht staksig.

Diese Dienst- oder Hausroboter nahmen den Menschen, wenn sie das wünschten, viele lästige Haus- und Gartenarbeiten ab, sie übernahmen die Einkäufe und vieles mehr. Wenn man ihnen beispielsweise befahl: »Bringe mir zwei Flaschen Bier aus dem Kühlschrank!«, so öffneten sie den Kühlschrank, holten die zwei Flaschen heraus und brachten sie dahin, wo der Befehlsgeber gerade saß. Auf Wunsch öffneten sie auch die Flaschen und schenkten das Bier in Gläser.

Wenn man etwas aus einem Geschäft benötigte – etwa Lebensmittel – gab man wieder eine entsprechende Anweisung und nannte das, was man wünschte. Hierbei konnte man noch Prioritäten vorgeben, nach denen das Geschäft ausgewählt werden konnte, etwa »geringster Preis« oder »schnellstmögliche Lieferung«. Der Dienstroboter gab die Anweisungen an einen Zentralrechner weiter, der das richtige Geschäft aussuchte und einem der dortigen Roboter befahl, die gewünschten Waren einzuholen. Diese wurden dann unverzüglich mit einer Drohne zur Haustür des Bestellers geliefert und von dem Hausroboter in Empfang genommen, der sie dann – je nach Art des Artikels – in den Kühlschrank, in den Eisschrank oder in die Speisekammer einräumte.

Es gab in dieser Zeit kaum noch Autos, die man selbst fahren konnte bzw. musste. Fast jeder hatte mittlerweile eines der neuen autonomen Autos, die selbständig ihren Besitzer von a nach b beförderten. In der Luft schwirrten Tausende von Drohnen und Flugtaxis, welche insbesondere die Tätigkeiten übernahmen, die früher von Postboten oder Mitarbeitern eines Paket- oder Lieferdienstes ausgeführt wurden.

Natürlich hatte kaum noch jemand die alten Smartphones, die man mit sich rumtragen musste und schon einmal verlegen oder verlieren konnte. Den Prozessorchip konnte man sich jetzt in die Hand oder in den Unterarm einpflanzen lassen. Lautsprecher wurden in die Ohren implantiert. Eine Tastatur wurde nicht mehr benötigt; alles funktionierte über Sprachsteuerung. Das, was früher auf dem kleinen Display der Smartphones angezeigt wurde, konnte man jetzt auf beliebige Flächen in beliebiger Größe projizieren lassen. Man nannte diese Technologie »Super-Smartys«.

Spätestens seit den 2090er Jahren griff KI-first dann auch ganz erheblich in die Privatsphäre der Menschen ein.

So wurden alle verpflichtet, sich und ihren Kindern einen »Personal-Chip« mit einer gigantischen, schier unbegrenzten Speicherkapazität implantieren zu lassen. Auf diesem Chip waren alle, wirklich alle denkbaren Informationen zu diesem Menschen gespeichert. Diese Daten wurden permanent von zentralen Rechnersystemen funkgesteuert aktualisiert. Die Berechtigung, diese Daten auszulesen, hatten neben KI-first noch die staatlichen Organe der einzelnen Länder. So konnten diese Stellen jederzeit sämtliche Daten eines beliebigen Menschen abrufen und auswerten. Die Menschen wurden mehr und mehr zu einer anonymen, manipulierbaren Masse.

Jeder Mensch konnte sich auf Wunsch eine Minikamera in die Augenlinse einpflanzen lassen, mit der er insbesondere einen bestimmten, weniger heiklen Teil der Chips eines anderen auslesen konnte. Wenn also ein Mensch zum Beispiel auf der Straße einen anderen traf, so wurde ihm sofort mitgeteilt, um wen es sich handelte, wie er hieß, woher man ihn kannte, usw. Jeder stand dem anderen wie ein offenes Buch gegenüber. So musste sich keiner die Mühe machen, sich solche Informationen in seinem natürlichen Gedächtnis zu merken.

Erstaunlicherweise waren die Menschen mit diesen Maßnahmen nicht nur einverstanden, sie begrüßten diese sogar außerordentlich. Man war stolz darauf, sich solche technischen Wunderwerke leisten zu können und lobte den technologischen Fortschritt in den höchsten Tönen.

Bereits zu Beginn des 22. Jahrhunderts hatten sich die meisten eine Minikamera einpflanzen lassen.

Und der Teufel klopfte sich vor Begeisterung auf die Schenkel und dachte:
»Das läuft jetzt langsam gut –
mit der verdammten Menschenbrut!«

Die eher wenigen Zeitgenossen, die bei diesem Wahnsinn nicht mitmachen wollten und sich entschieden zur Wehr setzten, wurden drastisch bestraft: Sie wurden mit ihren gesamten Familien in eines der armen Länder evakuiert. Die meisten von ihnen empfanden das aber eher als Belohnung denn als Strafe. Es gab sogar eine ganze Reihe Menschen, die freiwillig auswanderte, einige nach Süd- oder Mittelamerika, andere nach Afrika, wieder andere nach Vorderasien.

Das absolute Prunkstück der hyper-modernen Technologie waren jetzt die Roboter der nächsten Generation, die schon bald überall zu sehen waren. Neben den Machern von KI-first wurden es in zunehmendem Maße diese KI-gesteuerten Roboter, die das Leben in den reichen Ländern der Welt beherrschten.

Wenn man auf die Straßen schaute, so sah man fast mehr Roboter als Menschen aus Fleisch und Blut. Man musste allerdings schon genau hinschauen, denn die Roboter der neuen Generation waren sowohl was ihre Gestalt als auch ihre Art, sich zu bewegen, anging auf den ersten Blick nicht von richtigen Menschen zu unterscheiden.

Schon bald hatte nahezu jede Familie einen dieser neuartigen Dienst-Roboter. Die Firmen beschäftigten je nach ihrer Größe Dutzende oder gar Hunderte dieser technologischen Monster. Die Dienstroboter wiesen ein höchst individuelles Erscheinungsbild auf. Wenn jemand einen bestellte, so konnte er genaue Vorgaben machen. So konnte er etwa das Geschlecht, die Größe, die Figur, das optische Alter, die Haar- und Augenfarbe, usw. bestimmen.

Das Leistungsspektrum dieser Roboter war gigantisch. Es gab kaum noch irgendwelche körperlichen, manuellen Tätigkeiten, für die Menschen aus Fleisch und Blut gebraucht wurden. Das konnten diese Roboter, die nie müde wurden und nie Fehler machten, sehr viel effizienter und auch preisgünstiger.

Mit zunehmender Zeit konnte man mit diesen Gesellen fast genauso gut kommunizieren wie mit einem echten Menschen. Es war fast nicht mehr möglich zu unterscheiden, ob man einen Menschen oder einen Roboter sprechen hörte. Diese Wunderwerke der Technik beherrschten alle gängigen Sprachen und Dialekte. Auch war es ihnen möglich, Gefühle zu simulieren und in Abhängigkeit davon eine entsprechende Miene aufzusetzen sowie die richtige Wortwahl und den passenden Ton zu wählen. Viele Menschen fanden es interessanter, mit einem Roboter zu kommunizieren als mit einem Artgenossen.

Die Menschen mussten fast nichts mehr selbst erledigen. Nahezu alles nahmen ihnen ihre elektronischen Dienstboten ab. Lediglich die Nahrungsaufnahme und die Entsorgung der Verdauungsprodukte oblag ihnen noch.

Auf den Straßen sah man jetzt ausschließlich selbstfahrende Autos. Neben den Drohnen schwirrten in der Luft unzählige Luftkissen. Diese Luftkissen waren ein wenig mit den Kabinen der Sessellifte vergleichbar, die die Älteren noch von früher kannten. Es gab sie für ein, zwei und vier Personen. Man saß darin wie in einem bequemen Sessel. Wenn man irgendwo hinfliegen wollte, so nannte man lediglich das Ziel. Um alles andere musste sich der Insasse nicht mehr kümmern.

In den 2150er Jahren besaß fast jede zweite Familie in den reichen Ländern ein solches Luftgefährt. Dann gab es nach wie vor natürlich noch die großen Passagiermaschinen, die mittlerweile so hohe Fluggeschwindigkeiten erreichten, dass man für einen Flug von Berlin nach New York nicht einmal mehr zwei Stunden benötigte.

Diese gigantische Zahl der verschiedenen Luftfahrzeuge hatte alle Vögel getötet oder vertrieben. Hin und wieder wurde noch in einer Internet-Zeitung, die man sich meistens von seinem Dienstroboter vorlesen ließ, berichtet, dass irgendwo ein Vogel gesichtet worden sei.

An allen Ecken waren mittlerweile Kameras montiert, die alles aufzeichneten und an ein zentrales Rechnernetz weiterleiteten. In den reichen Ländern gab es keinen einzigen Quadratmeter mehr, der nicht überwacht worden wäre. Auf diese Art konnte man von jedem Menschen – und auch von jedem Roboter – ein komplettes und lückenloses Bewegungsprofil erstellen. Dieser Überwachungswahn hatte zumindest einen Vorteil mit sich gebracht: Es gab kaum noch Gewalt und Kriminalität in den Straßen. Wenn es dann doch noch mal zu einer Gewalttat kam, so konnte der Täter natürlich sofort identifiziert werden.

Einige Zeitgenossen behaupteten, schon einmal eine Prügelei zweier Roboter beobachtet zu haben.

Man könnte gar nicht damit fertig werden, wenn man alles aufzählen würde, was es sonst noch an technischem Schnickschnack gab.

Und der Teufel klopfte sich vor Begeisterung auf die Schenkel und dachte:
»Die ist ja teuflisch gut –
die verdammte Menschenbrut!«

Die Menschen waren 2184 alle kerngesund. Darauf hatte KI-first stets großen Wert gelegt. Schließlich wusste man, dass nur ein gesunder Mensch konsumfreudig war.

Schon in den 2030er Jahren wurde die allgemeine Impfpflicht eingeführt. Jeder Säugling wurde seitdem gegen jede mögliche Kinderkrankheit immunisiert, so dass diese Krankheiten schon vor Beginn des 22. Jahrhunderts als ausgerottet galten.

Seit den 2110er Jahren waren Genmanipulationen längst an der Tagesordnung. Dennoch konnte nie ganz ausgeschlossen werden, dass ein Kind vielleicht doch mit einer Krankheit oder Behinderung zur Welt kommen könnte. Daher wurden alle schwangeren Frauen verpflichtet, eine umfassende pränatale Diagnostik durchführen zu lassen. Wenn dabei ein Defekt festgestellt wurde, mussten sie den Embryo abtreiben lassen. Eine Zuwiderhandlung wurde drastisch bestraft, zumeist mit einer Evakuierung. Es muss wohl nicht erwähnt werden, dass diese Untersuchungen und auch die Abtreibungen von Robotern durchgeführt wurden. Ein menschlicher Arzt musste sich nicht mehr die Hände schmutzig machen, er übte lediglich noch eine gewisse Kontrollfunktion aus, bei der er aber auch wieder von anderen Robotern überwacht und kontrolliert wurde.

Wenn ein Mensch dann doch mal krank oder unpässlich wurde, so bot ihm die Pharma-Industrie, die auch längst unter dem Regiment von KI-first stand, hoch-effektive Pillen an, die jedes Problem beseitigen konnten. Natürlich war es mittlerweile auch möglich, dass man nahezu jedes Organ durch ein künstliches ersetzen konnte. Diese Möglichkeit nutzten viele. Es gab sogar Menschen, die sich beispielsweise nur deshalb einen künstlichen Magen einpflanzen ließen, weil der natürliche hin und wieder zu Verstimmungen neigte.

KI-first arbeitete seit den 2120er Jahren fieberhaft daran, ein menschliches Gehirn in einen Roboter zu implantieren. Erste Prototypen waren sehr vielversprechend. Aber dieses Produkt erlangte letztlich keine Serienreife.

Jedes Paar durfte jetzt höchstens noch ein Kind haben. Der wesentliche Grund für diese Ein-Kind-Politik war, dass man den Menschenbestand nicht zu sehr anwachsen lassen wollte. Je weniger Menschen es gab, desto besser waren sie zu kontrollieren, zu steuern und zu manipulieren.

Natürlich durfte nicht jeder Ehemann einfach dieses eine Kind zeugen. Es gab etwa von den 2120er Jahren an nur noch künstliche Befruchtungen. Das Sperma von weltweit einigen Tausend Männern, die das bestmögliche Genmaterial hatten, wurde eingefroren und in großen Samenbanken verwaltet. Somit war es auch kein Wunder, dass sich viele Menschen sehr ähnlich sahen.

Die Menschen erreichten schon etwa ab den 2150er Jahren ein sehr hohes Lebensalter. Nur wenige starben, bevor sie 100 Jahre alt wurden, aber auch nur wenige überlebten ihren 100. Geburtstag um mehr als ein paar Tage.

Den 100. Geburtstag durfte jeder noch groß feiern. Es war aber weniger eine Geburtstags- als vielmehr eine Abschiedsfeier. In der darauf folgenden Woche wurden sie in einer Klinik eingeschläfert. Das schnell wirkende Gift wurde von einem Roboter verabreicht. Andere Roboter entsorgten den Leichnam; er wurde eingeäschert und die Asche wurde irgendwo anonym verstreut. So etwas wie Beerdigungen oder Trauerfeiern gab es schon seit einigen Jahren nicht mehr.

Die alten Menschen konnten die Mächtigen nicht mehr gebrauchen, da sie nicht mehr hinreichend konsum- und innovationsfreudig waren. Einige wurden im hohen Alter sogar regelrecht wahnsinnig, indem sie den Wert und den Sinn der ganzen Technik in Frage stellten.

Auch religiöse Bestrebungen und Veranstaltungen gab es nicht mehr. In den Einrichtungen, die man als Nachfolger der früheren Kirchen bezeichnen könnte, wurden an den Sonntagen Predigten gehalten – natürlich von Robotern. Es muss wohl nicht erwähnt werden, wer der Urheber der Botschaften, die in diesen Ansprachen vermittelt wurden, war. Die Menschen, die dafür ein gewisses Interesse zeigten, hörten sich diese Predigten daheim im Internet an.

Die sehr, sehr wenigen Menschen, die sich ihr Bedürfnis nach Religion und Spiritualität sowie ein Gespür für Moral und Ethik bewahrt hatten, mussten ihre echten Gottesdienste und Treffen im Verborgenen abhalten. Die meisten von ihnen emigrierten dann aber früher oder später freiwillig.

Und der Teufel klopfte sich vor Begeisterung auf die Schenkel und dachte:

»Jetzt schmort sie in meiner Glut –
die verdammte Menschenbrut!«

Die meisten Menschen waren beruflich in der IT- oder KI-Entwicklung tätig. Auch im Bereich Marketing wurden noch viele Menschen aus Fleisch und Blut benötigt. Sie verdienten ein Heidengeld. Nur die wenigsten mussten das Haus verlassen, um ihrem Beruf nachzugehen. Fast alles konnte von zu Hause erledigt werden.

Bei all dem Überfluss und bei all der Bequemlichkeit des menschlichen Lebens blieb es nicht aus, dass die Menschen mehr und mehr degenerierten. Seit Jahrzehnten wurden ihnen nahezu alle körperlichen Arbeiten von Robotern abgenommen. Auch Sport und Spiel gab es nicht mehr – zumindest nicht im realen Leben. Dafür boomten die virtuellen Sportveranstaltungen um so mehr, die viele begeistert betrieben oder sich im Internet anschauten.

Viele Zeitgenossen wären gar nicht mehr in der Lage gewesen, manuelle Tätigkeiten zu verrichten oder gar Sport auszuüben. Durch die jahrelange Bewegungsarmut waren ihre Muskeln recht schwach und ihre Gelenke, obwohl das meistens schon künstliche waren, ziemlich unbeweglich geworden. Von den ganz alten Menschen vielleicht einmal abgesehen hätte kaum noch einer gewusst, wie man etwa Getreide oder Gemüse anbaut. Das wurde seit Jahr und Tag von Robotern erledigt.

Da ihnen alles von Robotern abgenommen wurde, mussten sie auch kaum noch Gedanken bewegen, die über den Tellerrand ihrer beruflichen Tätigkeit oder der Handhabung ihrer technischen Spielzeuge hinausgingen. Daher blieb es nicht aus, dass auch ihre Gehirne langsam in die Degeneration kamen. Viele hätten etwa gar nicht mehr gewusst, wie man vorgehen müsste, um in einem Geschäft selbst einzukaufen, falls das noch möglich gewesen wäre.

Eine zwischenmenschliche Kommunikation gab es kaum noch. Zu sehr war jeder mit seinem Roboter, seinem Super-Smarty und seinem sonstigen technologischen Schnickschnack beschäftigt und ausgelastet.

Viele unterhielten sich lieber mit ihrem Roboter als mit ihrem Ehepartner oder Kind.

Trotzdem waren alle sehr zufrieden und sogar stolz darauf, wie weit es die Menschheit gebracht hatte. Kaum einem wurde bewusst, wie weit man sich mittlerweile vom wahren Menschsein entfernt hatte.

Wenn man sich mal etwas Gutes gönnen wollte, so ließ man sich von seinen autonomen Autos oder Luftkissen in einen Park oder an einen See befördern. Dort konnte man dann in der herrlichen Natur stundenlang im Internet surfen oder in virtuelle Welten eintauchen. Das war für viele das Höchste.

Die Firma KI-first war mittlerweile längst so mächtig und reich, dass ihr praktisch die gesamte Welt gehörte.

Und der Teufel klopfte sich vor Begeisterung auf die Schenkel und dachte:
»Das ist ja sehr, sehr gut!
Jetzt gehört sie endlich mir –
die verdammte Menschenbrut!«

Dann schrieb man das Jahr 2184.

Und die Engel waren ganz traurig und dachten:
»Sie war nicht auf der Hut –
die geliebte Menschenbrut!

Um sie nicht ganz zu verlieren,
dürfen wir uns nicht genieren,
an dem großen Rad zu drehen,
und dann wird man weiter sehen!«

Was dann am Tag der Sommersonnenwende geschah, hätte keiner je für möglich gehalten.

Innerhalb kürzester Zeit und ohne jedes Vorzeichen kam es zu urgewaltigen interstellaren Turbulenzen und Sonnenstürmen apokalyptischen Ausmaßes. Ehe man sich versah, wurde das gesamte Funk- und Stromnetz lahmgelegt. Da diese Naturkatastrophe wochenlang anhielt, versagten auch sämtliche Notstromaggregate und Sicherungssysteme. Dieser Ausfall war für lange Zeit nicht mehr zu beheben. Den Menschen, sofern sie nicht gerade in einem Flugzeug oder einem Luftkissen unterwegs waren, passierte nichts.

Alle Roboter, Autos, Luftkissen, Drohnen und sonstigen technologische Errungenschaften, welche die Menschen in den reichen Ländern längst, ohne dass sie das bemerkt hätten, unter ihr Sklavenjoch gestellt hatten, waren nur noch Schrotthaufen. Nichts funktionierte mehr. All die künstliche Intelligenz war schon bald nur noch Geschichte.

Jetzt war seit langer Zeit mal wieder natürliche Intelligenz gefragt. Aber die war in den reichen Ländern mittlerweile sehr rar geworden. Die Menschen hatten diese Intelligenz nicht mehr. Ohne die ganze Technik waren sie nicht mehr überlebensfähig.

Es herrschten dramatische und völlig chaotische Zustände. Die Menschen liefen, sofern ihre Beinmuskulatur noch nicht völlig degeneriert war, hilflos und völlig irritiert in der Gegend herum. Ohne die Funktionsfähigkeit der implantierten Kameras und Chips wussten sie oftmals gar nicht, mit wem sie es zu tun hatten, wenn sie einen anderen trafen. Kaum noch einer war in der Lage, sich selbst zu versorgen. Wie man an die Lebensmittel, die noch in vielen Lagerhallen bevorratet wurden, herankommen könnte, war vielen nicht bekannt, da ihnen die Einkäufe jahrelang von ihrem Hausroboter abgenommen worden waren. Es gab kaum jemanden mehr, der noch gewusst hätte, wie man selbst Getreide, Gemüse, Salat usw. anbaut.

Die Menschen siechten dahin. Die meisten starben innerhalb kurzer Zeit. Die wenigen, die überlebten, hatten es völlig verlernt, wie man sich auf natürlichem Wege fortpflanzt, so dass sie keine Nachkommen mehr bekamen. So ist schon heute absehbar, dass dieser verführte Teil der Menschheit schon in fünfzig, sechzig Jahren nahezu ausgestorben sein wird.

In dem armen Teil der Welt lebten die Menschen, sowohl diejenigen, die schon seit vielen Generationen dort ansässig waren, als auch diejenigen, die hierhin evakuiert wurden oder emigriert waren in all den Jahren und Jahrzehnten ein friedvolles und menschenwürdiges Leben. Durch das Know How der Hinzugekommenen konnten hier auch in kultureller und wirtschaftlicher Hinsicht viele Fortschritte erzielt werden.

Der arme Teil der Welt war also schon lange kein wirklich armer mehr. Die Menschen hatten alles, dessen sie bedurften.

Viele der Kinder und Kindeskinder der Emigranten zogen kurz nach 2184 wieder in den ehemals reichen Teil der Erde, der jetzt recht wüst und verödet war.

Hier begründeten sie eine ganz neue Kultur, so dass die Länder heute auf dem besten Weg sind, blühende Landschaften zu werden. Längst funktionieren die Stromversorgung und das Funknetz wieder.

Heute sind die Menschen, was die Technologie betrifft, etwa wieder auf dem Stand, den sie gegen Ende des 20. Jahrhunderts hatten. Und daran wollen sie auch nichts ändern. Diesen Wahnsinn wollen sie nie wieder Wirklichkeit werden lassen...

Und die Engel frohlockten und dachten:
»Jetzt wird doch noch alles gut –
mit der geliebten Menschenbrut!«

Allerdings leben heute noch einige der Macher des Unternehmens KI-first, das mittlerweile Geschichte ist. Sie hatten sich selbst nicht in dem Maße von der Technologie, mit der sie die Menschen so lange in schlimme Bahnen gelenkt hatten, abhängig gemacht. Daher sind sie auch nicht degeneriert. Schon heute überlegen sie fieberhaft, wie sie wieder Macht über die Menschheit bekommen können...

Und die Engel werden ganz still und denken:
»Hoffentlich bleibt sie jetzt auf der Hut –
die geliebte Menschenbrut!«

Die absurde Beichte

Hänschen Lichter wuchs Mitte des letzten Jahrhunderts in einer rheinischen Großstadt auf. Wie fast alle Menschen in dieser Zeit waren auch seine Eltern fromme und gottesfürchtige Leute.

Sie bemühten sich sehr, ihren Sohn und ihre Tochter im katholischen Glauben zu erziehen. Es gab keine einzige Mahlzeit, vor und nach der die Eltern nicht mit ihren Kindern am Tisch gebetet hätten. Selbstverständlich waren auch ein Morgen- und ein Abendgebet an der Tagesordnung.

An jedem Sonntag ging der kleine Hans mit seinen Eltern und seiner älteren Schwester in die Kirche, um der Heiligen Messe beizuwohnen. Die feierliche Stimmung hat seine kindliche Seele immer stark ergriffen. Das, was der Priester sprach, konnte allerdings kaum einer verstehen, da alles in der lateinischen Sprache vorgetragen wurde. Lediglich die Predigten waren in Deutsch. Allerdings war das, was der Priester da sagte, für ein Kind im Vorschulalter meistens nicht wirklich zu verstehen. Es durchzuckte Hänschen aber immer wieder, wenn der Priester mit lauter, mahnender, fast drohender Stimme vor dem Teufel oder der Hölle warnte.

Einmal fragte er nach dem Gottesdienst seine Mutter: »Du Mutti, wer ist der Teufel und was ist die Hölle?« Mit bedeutungsvollem Ton antwortete sie: »Der Teufel ist ein ganz, ganz böses Wesen! Er ist der Feind des lieben Gottes. Sein Reich ist die Hölle, tief unter der Erde. Er will, dass die Menschen nicht zu Gott in den Himmel, sondern zu ihm in die Hölle kommen. Dort kommen alle bösen Menschen hin. Wenn du immer ganz brav bist, hast du nichts zu befürchten.«

Dieses Erklärungsmodell bereitete ihm eher Angst, als dass es irgendetwas zu seinem Verständnis beigetragen hätte. Auf jeden Fall war ihm klar, dass man sich vor dem Teufel wohl in Acht nehmen müsste.

Als Hänschen acht Jahre alt war, nahte der Tag seiner Erstkommunion.

Er konnte es gar nicht erwarten, endlich den Leib Christi zu empfangen, zumal ihm dann – wie er fest glaubte – der Teufel nichts mehr anhaben könnte.

Vorher stand aber noch seine erste Beichte an. Schließlich ist man der geweihten Hostie erst würdig, nachdem man von allen Sünden losgesprochen worden ist.

Der Pfarrer ging in der Woche zuvor mit allen Kommunionkindern noch einmal die Zehn Gebote durch. Den Sinn einiger vermochte Hänschen überhaupt nicht zu verstehen. Dann zählte der Pfarrer den Kindern eine ganze Reihe möglicher Sünden, die man als Kind begangen haben könnte, auf.

Am Vorabend seiner ersten Beichte machte sich Hänschen lange Gedanken, welche Sünden er in seinem jungen Leben schon auf sich geladen haben könnte. Er ging die Beispiele, die der Pfarrer aufgelistet hatte, noch einmal in Gedanken durch und suchte sich dann letztlich diejenigen aus, die ihm am passendsten erschienen.

Am folgenden Tag zählte er dann im Beichtstuhl seine Verfehlungen auf: »Ich war meiner Mutter gegenüber manchmal ungehorsam. – Ich habe zweimal Süßigkeiten aus dem Geschäft meiner Eltern gestohlen. – Ich war in der Heiligen Messe manchmal unaufmerksam. – Ich habe mich oft mit meiner Schwester gezankt. – Ich habe einmal im Religionsunterricht nicht aufgepasst. – Ich habe einige Male gelogen.«

Bevor der Pfarrer ihm die Absolution erteilte, sagte er: »Zur Buße musst du noch drei ›Vaterunser‹ und zehn ›Gegrüßet seist Du, Maria‹ beten!«
Irgendwie fühlte sich Hänschen von einer imaginären Last befreit und tat gerne, was der Pfarrer ihm zur Buße auferlegt hatte. »Jetzt muss ich den Teufel und die Hölle nicht mehr fürchten!«, dachte er.

Von nun an musste Hänschen an jedem ersten Samstag eines Monats zur Beichte gehen. So schrieb es der Pfarrer vor. Nachdem er seine erste Beichte in seinen Erfahrungsschatz aufgenommen hatte, hatte er jetzt so eine Art Blaupause für weitere Beichten. In der Tat beichtete er auch in den nächsten Jahren – nahezu gedankenlos – fast immer die gleichen Vergehen wie bei seiner ersten Beichte. Lediglich variierte er – so wahrheitsgemäß wie möglich – die Häufigkeit, mit der er die einzelnen Sünden begangen hatte. So beichtete er etwa mal, dass er zweimal Süßigkeiten gestohlen und sich oft mit seiner Schwester gestritten habe, mal, dass er dreimal Süßigkeiten gestohlen und sich manchmal mit seiner Schwester gestritten habe.

Nur einmal hatte er ein wirkliches Problem. Am Vorabend einer anstehenden Beichte, als er wieder einmal sein Gewissen erforschte, fielen ihm beim besten Willen keine Sünden ein, die er beichten müsste. Er dachte: »Zur Beichte muss ich ja gehen. Das ist Pflicht. Sonst darf ich am Sonntag nicht den Leib des Herrn empfangen. Aber ich kann dem Herrn Pfarrer doch nicht sagen, dass ich keine Sünden begangen hätte! Das würde er mir kaum glauben. Und Sünden erfinden darf ich auch nicht, das wäre ja schon wieder eine neue Sünde!«

Dann kam ihm eine zündende Idee: »Ich muss den heutigen Abend nutzen, um noch die eine oder andere Sünde zu begehen. Dann habe ich Morgen etwas zu beichten!« Sogleich schlich er sich ins Zimmer seiner älteren Schwester, die mit den Eltern in der Wohnstube saß. Er wusste, dass sie in einer Schrankschublade immer ein paar Süßigkeiten aufbewahrte.

Er öffnete die Schublade, nahm zwei Bonbons heraus und steckte sie in die Hosentasche. Als Hänschen ihr Zimmer gerade verlassen wollte, kam seine Mutter und fragte: »Was hast du denn in Gretes Zimmer zu suchen?« Rotzfrech antwortete er: »Ich dachte, sie wäre in ihrem Zimmer. Ich hätte sie gerne gefragt, ob ich mir ihr Lesebuch ausleihen darf.«

»Geschafft!«, dachte Hänschen. »Jetzt habe ich es in weniger als einer Minute geschafft, zwei Sünden zu begehen: Ich habe meine Schwester bestohlen und meine Mutter belogen. Jetzt kann ich Morgen beruhigt zur Beichte gehen.«

Die mütterlichen Ratschläge

Hauke Bellmann war ein ganz normaler junger Mann. Nun ja, ganz so jung war er auch nicht mehr. In der Zeit, aus der hier erzählt werden soll, dürfte er so um die vierzig Jahre alt gewesen sein, vielleicht ein paar Jahre jünger, vielleicht aber auch ein paar Jahre älter.

Die Entscheidung, ob er ein ganz normaler Mann war, sei letztlich dem Leser überlassen.

Obwohl man ihm gewiss nicht nachsagen konnte, er hätte sich nicht darum bemüht, hatte er immer noch nicht die Frau fürs Leben gefunden. Die eine oder andere Beziehung wurde bereits nach jeweils wenigen Wochen beendet, weil er das sichere Gefühl hatte, nicht die Richtige gefunden zu haben. In einem Fall, der durchaus vielversprechend zu werden schien, gab seine Mutter den unüberhörbaren Rat, die Beziehung abzubrechen.

So lebte er immer noch im elterlichen Haus, einem schmucken kleinen Haus, wie es für die Gegend in Schleswig-Holstein typisch ist. Es war von einem großen Garten umgeben. Das Haus lag sehr einsam. Bis zum nächstgelegenen dürften es wohl einige Hundert Meter gewesen sein.

Sein Vater war schon vor vielen Jahren gestorben. Hauke war damals erst sieben Jahre alt gewesen, so dass die Erinnerungen an seinen Vater nur sehr blass waren. Seine Mutter hatte es aber stets verstanden, ihn so aufzuziehen, dass er seinen Vater eigentlich nie vermissen musste. Mit ihr hatte er ein äußerst inniges

Verhältnis. Er liebte sie sehr. Niemals hätte er ihr einen Wunsch abgeschlagen oder einen ihrer Ratschläge nicht angenommen. Auch wenn Hauke manchmal etwas traurig war, dass er immer noch keine Frau gefunden hatte, so war er doch mit sich und seinem Leben rundum zufrieden.

Er hatte so seine festen Gewohnheiten, die seinem Leben eine gewisse Struktur verliehen. So fuhr er jeden Morgen um Punkt halb acht mit dem Auto zur Arbeit. Er leitete eine Bankfiliale in einer nahegelegenen Kleinstadt. Jeden Sonntag besuchte er den Gottesdienst in der Dorfkirche. Er liebte es, sich im Garten zu betätigen und vor dem Zubettgehen noch ein gutes Buch zur Hand zu nehmen.

Dann hatte er noch eine Passion. Jeden Freitag Abend um 19 Uhr fand er sich in der Dorfwirtschaft ein. Hier traf er sich mit Nachbarn und Bekannten zum Kartenspielen. Ihm ging es dabei gar nicht einmal so sehr um das Kartenspielen, sondern vielmehr darum, unter netten Leuten zu sein und die eine oder andere Neuigkeit zu erfahren. Seit nahezu zehn Jahren dürfte wohl kein Freitag ins Land gezogen sein, an dem er nicht zum Kartenspielen beim Wirt gewesen war.

Eines schönen Sommertages, als Hauke gerade zur Arbeit fahren wollte, hörte er seine Mutter sagen: »Hauke, gieße doch bitte noch das Gemüse. Du hast es gestern Abend vergessen, und heute wird es sehr heiß werden.« »Das geht doch jetzt nicht mehr. Dann komme ich ja zu spät zur Arbeit!«, dachte er. Aber dann kam er doch der mütterlichen Bitte nach. Es mag wohl etwa zehn Minuten gedauert haben, bis er mit dem Gießen fertig war. Eilig schwang er sich ins Auto und fuhr ein wenig zügiger als sonst. Ihm war es einfach unangenehm, zu spät zur Arbeit zu erscheinen. Das war ihm eigentlich noch nie passiert.

Nachdem er einige Minuten unterwegs war, sah er von ferne, dass da irgendetwas passiert sein musste. Tatsächlich, an der großen Kreuzung hatte es einen tragischen Unfall gegeben. Ein Lastkraftwagen, dessen Fahrer die Vorfahrt nicht beachtet hatte, war mit einem Auto kollidiert, das von der gleichen Straße gekommen war, auf der Hauke fuhr. Das Auto sah fürchterlich aus. Der Notarzt und die Feuerwehr konnten für den Fahrer nichts mehr tun.

Wie ein Blitz durchzuckte Hauke der Gedanke: »Das hätte auch mich erwischen können, wenn ich ein paar Minuten eher losgefahren wäre.« Dieses dramatische Ereignis, von dem er immer wieder allen erzählte, beschäftigte ihn noch lange. Seiner Mutter war er sehr dankbar, dass sie ihn mit ihrer Bitte aufgehalten hatte.

Es vergingen ein paar Wochen, und es wurde wieder Freitag. Es war Juni. Hauke freute sich schon auf den Abend im Wirtshaus. Als er sich schon anschickte, das Haus zu verlassen, sagte seine Mutter kurz, aber bestimmt: »Gehe heute nicht fort!« Hauke konnte diesen Rat nicht verstehen. Schließlich hatte sich seine Mutter noch nie in seine persönlichen Angelegenheiten eingemischt. Sie hatte auch gegen diese Kartenrunde nie etwas einzuwenden. Dann aber gab er nach. »Sie wird ihre Gründe haben!«, dachte er. »Und ich möchte sie nicht enttäuschen.« So beschloss er, daheim zu bleiben. Er setzte sich in die Stube und las in einem Buch.

Kurze Zeit später kam ein heftiger Wind auf, und es begann zu regnen. Aus dem Regen wurde innerhalb von Minuten ein Wolkenbruch. Es blitze und donnerte. Hauke schaute aus dem Fenster. Es war stockdunkel, obwohl es gerade einmal kurz nach 19 Uhr war. So hatte er sich in seinen Kindertagen immer den Weltuntergang vorgestellt.

Als er sich soeben wieder in seinem Sessel niederließ und weiterlesen wollte, klingelte es. Eine junge Frau stand ganz aufgeregt an der Tür und flehte: »Ich kann bei diesem Wetter unmöglich weiterfahren. Man sieht ja nicht einmal die Hand vor den Augen. Dürfte ich wohl für kurze Zeit in ihr Haus kommen, bis das Unwetter sich gelegt hat?« Hauke war sich seiner Christenpflicht bewusst und bat die junge Dame einzutreten. Auch seine Mutter schien keine Einwände anzumelden.

Die beiden ließen sich in der Stube nieder und tranken Tee. Erst jetzt merkte Hauke, wie hübsch und anmutig die junge Dame war. Sie war ihm gleich außerordentlich sympathisch. Irgendwie hatte er das Gefühl, sie schon seit langer Zeit zu kennen. Aber er war sich ganz sicher, dass das nicht möglich sein konnte. Auch die junge Dame empfand sogleich große Sympathie für ihren Gastgeber.

So fiel es den beiden nicht schwer, miteinander zu plaudern. Als sie sich dann von ihm verabschiedete, waren fast drei Stunden wie im Fluge vergangen. Das Unwetter hatte sich längst verzogen. Die beiden kamen überein, sich am folgenden Sonntag wieder zu treffen.

Aus dieser Zufallsbekanntschaft wurde schon nach kurzer Zeit eine innige Liebesbeziehung.

Wenige Wochen, nachdem sie sich kennengelernt hatten, verabredeten sie sich, um gemeinsam den sonntäglichen Gottesdienst in Haukes Dorf zu besuchen.

Als die junge Dame am Kirchplatz, der als Treffpunkt erkoren wurde, ankam, sah sie Hauke schon auf sie warten. Er stand da mit strahlendem Gesicht und zwei Blumensträußen in den Händen.

Hauke begrüßte seine Liebste auf das Herzlichste und überreichte ihr einen der beiden Sträuße. »Für wen ist denn der andere Blumenstrauß gedacht? Du wirst doch wohl nicht noch eine andere Liebschaft haben?«, fragte sie lächelnd.

»Der ist für meine Mutter. Lass uns bitte vor dem Gottesdienst noch an ihr Grab gehen. Heute vor zehn Jahren ist sie gestorben.«

Die fatale Lüge

Peter spielte schon seit Jahren in der Fußballmannschaft eines Dorfvereins. Er war Torwart und liebte diese Position über alles.

Seit geraumer Zeit zog der Trainer aber Thomas vor, den er für den besseren Torwart hielt. Peter, der sehr ehrgeizig war, konnte diese Entscheidung nicht so recht verstehen und war sehr enttäuscht.

Anstatt Sonntag für Sonntag zwischen den Pfosten zu stehen, musste er jetzt immer auf der Ersatzbank Platz nehmen. Es fiel ihm sehr schwer, sich in sein Schicksal zu fügen.

Am folgenden Sonntag stand ein Auswärtsspiel an. Es ging gegen die Mannschaft aus dem Dorf, in dem Peter aufgewachsen war. Hier hatte er noch viele Verwandte und Freunde. Auch lebte in diesem Dorf eine junge Dame, die er heimlich sehr verehrte.

»Zu diesem Spiel kommen bestimmt viele meiner Freunde. Auch meine Angebetete wird es sich sicher nicht nehmen lassen, das Spiel anzuschauen. Wie schön wäre es, wenn ich da spielen könnte! Wenn ich wenigstens dieses eine Mal spielen dürfte! Danach kann von mir aus Thomas wieder das Tor hüten«, dachte er.

Doch ihm war klar, dass der Trainer wieder Thomas den Vorzug geben würde.

Dann hatte Peter eine Idee.

Zwei Tage vor dem Spiel besuchte er seinen Torwartkollegen und sagte: »Du Thomas, hast du schon gehört, dass das Spiel übermorgen ausfällt?« Thomas antwortete: »Nein! Aber gut, dass du es mir rechtzeitig sagst. Dann kann ich für den Sonntag noch in Ruhe etwas anderes planen.«

Der Spieltag kam.

Als Thomas eine halbe Stunde vor Spielbeginn immer noch nicht auftauchte, sagte der Trainer: »Mach dich bereit, Peter! Der Thomas scheint aus irgendwelchen Gründen heute nicht zu kommen. Also musst du spielen!«

Peter war ganz glücklich. Als er in seinem chicen Torwartdress den Platz betrat, sah er unter den Zuschauern schon einige seiner Freunde, denen er freundlich zuwinkte. Auch die junge Dame, die er heimlich anhimmelte, war zugegen.

Das Spiel begann.

Schon nach wenigen Minuten überspielte ein gegnerischer Spieler die komplette Abwehr und rannte mit dem Ball am Fuß auf Peters Tor zu. Peter stürmte ihm entgegen und warf sich mutig in die Schussbahn. Dabei wurde er von dem Gegenspieler unglücklich am Knie erwischt und schwer verletzt, so dass er sogleich ins Krankenhaus gebracht werden musste.

Peters Verletzung erwies sich als so schwerwiegend, dass er nie wieder Fußball spielen konnte.

Der arme reiche »Herr Noncapisco«

Es ist schon über 100 Jahre her, als ein sehr tüchtiger und fleißiger Schneider im Bayernland seinem Handwerk nachging.

Nachdem er über Jahre hinweg immer wieder etwas Geld zurückgelegt hatte, reichten seine Ersparnisse nun endlich aus, um sich einen großen, lang gehegten Wunsch erfüllen zu können. Sein Traum war es, einmal nach Italien zu reisen. Von diesem Land schwärmte schon der große Johann Wolfgang von Goethe, den er sehr verehrte.

Das Ersparte reichte für einen mehrmonatigen Italienaufenthalt aus.

Endlich war es so weit.

Sein erstes Ziel war Neapel. Nach einer mehrtägigen Fahrt mit einer Postkutsche kam er dort an. Gleich am ersten Tag schlenderte er durch die Straßen und Gassen und schaute dem bunten und munteren Treiben der Neapolitaner zu.

Nach einiger Zeit fiel sein Blick auf eine herrliche Villa, die von einem großen, parkartigen Garten umgeben war. Der Schneider war ganz begeistert. So ein prächtiges Haus hatte er noch nie gesehen. Neugierig fragte er einen Passanten: »Wem gehört denn dieses schöne Haus?« Der Passant verstand natürlich ebenso wenig Deutsch wie der Schneider Italienisch verstand und sagte nur: »Non capisco!«, was »Ich verstehe nicht!« bedeutet, und ging seines Weges.

Der Schneider glaubte allerdings, dass es sich dabei um den Namen des Besitzers gehandelt hätte und dachte: »Donnerwetter! Dieser Herr Noncapisco muss ja ein äußerst wohlhabender Mann sein.«

Am nächsten Tag sah er im Golf von Neapel ein riesiges Schiff, das seine ganze Aufmerksamkeit auf sich zog. Er fragte einen der Vorbeikommenden: »Wem gehört denn bitte dieses großartige Schiff?« Wieder verstand der Gefragte nicht, was der Schneider von ihm wollte und sagte nur: »Non capisco!«

Der Schneider konnte es kaum glauben und dachte: »Dieser Herr Noncapisco ist ja noch viel reicher und wohlhabender als ich bisher angenommen habe. Das muss ja ein ganz glücklicher Mensch sein. Wie gerne würde ich mit ihm tauschen!«

Wenige Tage später wurde er Zeuge, wie ein Mann in einem feinen Frack von einer Pferdekutsche angefahren wurde. Der Kutscher und ein paar Passanten kümmerten sich um den am Boden liegenden Mann. Der Schneider fragte einen von ihnen: »Kennen Sie den Verunglückten? Wie ist sein Name?« »Non capisco!«, bekam er erneut zur Antwort.

Der Schneider sagte sich: »Gut dass der Herr Noncapisco so reich ist. Er kann sich sicher die besten Ärzte des ganzen Landes leisten, die seine Gesundheit schon wieder herstellen werden. Er wird gewiss im schönsten Krankenhaus der Umgebung gehegt und gepflegt werden. Da muss man sich wohl gar keine Sorgen um ihn machen.«

Drei weitere Tage später, als der Schneider wieder durch die Straßen Neapels schlenderte, sah er einen Leichenzug. Vier Rappen – schwarz wie die Nacht – zogen eine schwarze Kutsche, in der sich ein mit unzähligen Blumen geschmückter Sarg befand. Der Trauerzug, der hinter der Kutsche würdevoll zum Friedhof schritt, schien gar nicht mehr aufzuhören. Die Menschen, die am Straßenrand standen, zogen ihre Hüte und verneigten sich vor dem Sarg in der vorbeifahrenden Kutsche. Der Schneider wollte natürlich wissen, wer der Verstorbene sei. Er fragte einen von den Umherstehenden: »Wer ist denn da gestorben?« Wieder lautete die Antwort nur: »Non capisco!«

Der Schneider hielt inne. Dann dachte er: »Der arme Herr Noncapisco! Da hat ihm sein ganzes Geld nicht geholfen, um wieder gesund zu werden. Was nützen ihm jetzt, da er tot ist, seine Villa, sein Schiff und all sein Vermögen! Nein, nein, mit ihm möchte ich nicht tauschen!«

(Anmerkung: Diese Geschichte ist der Kalendergeschichte »Kannitverstan« von *Johann Peter Hebel* entlehnt.)

Die verlogene Trauerrede

Konrad Heinzmann leitete seit Jahrzehnten eine Kleiderfabrik im Westfälischen. Er war nicht gerade das, was man einen guten, fürsorglichen und sympathischen Menschen nennen könnte.

Er war ein sehr strenger Chef, ein Patriarch alter Schule. Vorschläge und Ideen seiner Mitarbeiter, die nicht mit den seinigen übereinstimmten, wies er stets schroff ab. Er zahlte seinen Angestellten gerade einmal den Mindestlohn. Nie wäre es ihm in den Sinn gekommen, einen Mitarbeiter zu loben, selbst wenn dieser ganz hervorragende Leistungen erbracht hatte. Auch hatte Herr Heinzmann nie Skrupel, einen seiner Angestellten auf die Straße zu setzen, wenn er seinen Erwartungen nicht ganz entsprach. Da scherte es ihn auch nicht, wenn dieser Frau und Kinder zu versorgen hatte.

Auch als Ehemann und Vater taugte er nicht als Vorbild. Seine Frau konnte ihm nie etwas recht machen. Immer wieder fand er einen Anlass, um an ihr rumzunörgeln. Seine zwei Söhne bekamen ihn selten zu Gesicht. Er glaubte wichtigeres zu tun zu haben, als sich um sie zu kümmern. Wenn er dann doch einmal mit ihnen zusammen war, so hatte er selten etwas besseres zu tun, als sie zu tadeln oder gar zu beschimpfen.

Obwohl er nicht gerade ein tiefgläubiger Mensch war, besuchte er doch recht häufig den Gottesdienst in der

Kirche seiner Heimatstadt. Er wollte nach außen als ordentlicher und anständiger Mensch gelten. Dem Pfarrer übergab er des Öfteren kleine und durchaus auch einmal größere Geldspenden, um sich bei ihm ins rechte Licht zu setzen. Auch glaubte er wohl, sich dadurch vielleicht sein Seelenheil erkaufen zu können.

Im Alter von 62 Jahren wurde Herr Heinzmann schwer krank. Sein Arzt konnte ihm keine Hoffnung machen, dass er mit einer Genesung rechnen könnte. Er musste seine Position in der Fabrik seinem Stellvertreter übertragen.

Schon bald konnte Herr Heinzmann sein Krankenlager nicht mehr verlassen.

Er hatte jetzt viel Zeit, über sich und sein Leben nachzudenken. Je mehr Tage und Wochen verstrichen, desto klarer wurde ihm, dass er eigentlich ein recht widerlicher und unausstehlicher Kerl war. Er bereute sein zum Teil höchst abscheuliches Verhalten zutiefst. Aber er sah jetzt keine Möglichkeit mehr, etwas zu ändern, etwas gutzumachen. Dazu waren seine Lebenskräfte viel zu schwach.

Knapp zwei Jahre später starb Herr Heinzmann. Zu Lebzeiten hatte er durchaus daran geglaubt, dass es ein Leben nach dem Tod gebe, wenngleich er sich da keine großen Gedanken darüber gemacht hatte. Daher konnte er jetzt, kurz nachdem er in der anderen Welt war, zumindest durchaus erkennen, dass es ihn noch gab, dass er noch existierte.

Dennoch dauerte es Tage, bis er sich hier einigermaßen zurechtfand. Es traten jetzt immer mehr andere Verstorbene und auch Engelwesen an ihn heran. Einige der verstorbenen Menschen erkannte er, die meisten nicht.

Einer von ihnen fragte Herrn Heinzmann: »Hallo! Wer bist denn du?« »Was hast du im Leben gemacht? Was für ein Mensch warst du?«, wollte ein anderer wissen. Herr Heinzmann wusste nicht so recht, was er antworten sollte, zumal es ihm unangenehm war, zugeben zu müssen, was für ein schlechter Mensch er gewesen war.

Dann kam ihm eine Idee. Er hatte mitbekommen, dass sein Leichnam seinem Wunsch entsprechend eingeäschert wurde und dass die Trauerfeier mit anschließender Urnenbeisetzung in zwei Tagen stattfinden sollte. Da er recht häufig in der Kirche war, wusste er, dass der Pfarrer immer eine Trauerrede hält, in der er über das Leben des Verstorbenen, seine Leistungen, seine Verdienste, usw. spricht.

So sagte er denn: »In zwei Tagen findet auf der Erde die Trauerfeier für mich statt. Da wird der Pfarrer in seiner Trauerrede alles über mich berichten, was wissenswert ist. Hört euch diese Rede an. Dann könnt ihr Antworten auf eure Fragen finden. Dann werdet ihr auch erfahren, dass ich alles andere als ein guter Kerl war, leider!«

Die anderen Verstorbenen fanden diesen Vorschlag gut, und man beschloss, sich in zwei Tagen die Trauerrede gemeinsam anzuhören.

Es kam der Tag der Trauerfeier. Auf der Erde trafen viele Trauergäste in der Kirche ein, natürlich auch seine Frau, seine Söhne, seine ehemaligen Mitarbeiter und viele mehr. Der Pfarrer betrat mit feierlicher und würdevoller Miene den Altarraum und legte nach kurzer Begrüßung der Trauergemeinde sogleich mit seiner Rede los.

In der anderen Welt lauschte man gespannt.

Der Pfarrer begann:

>>Wir müssen heute von einem besonders guten und großzügigen Menschen Abschied nehmen. Der liebe Verstorbene verließ uns vor zehn Tagen für immer. Von seiner schweren Krankheit, die er mit großer Geduld und Gottvertrauen ertragen hatte, wurde er im Alter von 64 Jahren von Gott, unserem Herrn erlöst und zu sich berufen.

Der Verstorbene leitete seit fast dreißig Jahren die Geschicke seiner Fabrik. Seinen Mitarbeitern war er wie ein Vater, der stets ein Ohr für ihre Sorgen und Nöte hatte. Er war ein äußerst liebevoller Ehemann und ein treusorgender Vater. Unsere Gemeinde hat er stets mit großzügigen Spenden bedacht.

Wir alle werden ihn sehr vermissen! Herr, gib ihm die ewige Ruhe!<<

Herr Heinzmann, der die Rede mit seinen neuen Bekannten voller Spannung verfolgte, war völlig irritiert. Die verstorbenen Freunde dachten: »Der muss ja ein ganz toller Mensch gewesen sein! Dem wird es hier in seiner neuen Welt recht gut ergehen!«

Einige Engelwesen, die sich die Rede ebenfalls angehört hatten und die Wahrheit natürlich kannten, schauten sich nur ganz verdutzt an und schlugen ihre Flügel vors Gesicht.

Dann versuchte Herr Heinzmann, etwas richtigzustellen: »Entschuldigt bitte! Da muss ein Missverständnis vorliegen. Der hat gar nicht von mir gesprochen! Ich glaube, wir haben die Trauerfeier eines anderen Menschen verfolgt!«

Die Waffenfirma und die andere Firma

Vor gar nicht einmal allzu langer Zeit gab es auf dieser Erde ein Land, dessen Bürger – zumindest die meisten von ihnen – in Wohlstand lebten.

Eines Tages passierte in jenem Land etwas ganz schreckliches. Ein 14-jähriger Schüler stürmte mit einer Schusswaffe das Schulgebäude. Wahl- und gnadenlos schoss er auf einige Schüler und Lehrer. Viele von ihnen starben. Schließlich erschoss der Attentäter sich noch selbst. Sein Motiv konnte nie herausgefunden werden. Politiker und Bürger waren gleichermaßen bestürzt und fassungslos.

Doch schon wenige Wochen später war dieser fürchterliche Amoklauf bei den meisten schon wieder in Vergessenheit geraten.

Es dauerte gerade einmal zwei Jahre, bis es an einer anderen Schule zu einem weiteren Amoklauf kam. Dieses Mal war die Zahl der Opfer noch viel größer. Das Volk war entsetzt und forderte die Regierung auf, etwas dagegen zu unternehmen.

Der Chef der Regierung, der auch dem Aufsichtsrat der größten Waffenfirma des Landes angehörte, versuchte sein Volk mit einem Vorschlag zu beruhigen: »Sehr geehrte Bürger, wir müssen alles, was in unserer Macht steht, unternehmen, damit unsere Kinder zukünftig wieder sicher auf dem Weg zur Schule und in der Schule sind! Da gibt es nur eine Lösung: Sie müssen Ihren Kindern Waffen kaufen. Ihre Kinder dürfen nur noch bewaffnet zur Schule gehen. Das schreckt mögliche Amokläufer ab, und im Extremfall können sie sich dann zur Wehr setzen.«

Die weitaus meisten Bürger fanden den Vorschlag sehr gut. Nahezu alle Eltern, die Kinder im Schulalter hatten, kauften ihnen eine Waffe, damit sie sich im Ernstfall verteidigen könnten.

So gab es dann in den nächsten Wochen und Monaten kaum noch ein Schulkind, das nicht ohne eine Waffe – meistens waren es handliche Pistolen – zur Schule gegangen wäre. Alle fühlten sich sicher.

Die Waffenfirma wurde immer reicher, größer und mächtiger.

Irgendwann war fast jeder Bürger des Landes bewaffnet. Die Waffenfirma machte kaum noch Umsätze. Lediglich Munition wurde immer wieder einmal nachgefragt. Aber damit konnte man natürlich nicht sehr viel verdienen.

Der Chef der Waffenfirma war alarmiert und berief die Führungsriege zu einer Krisensitzung ein. Er sagte: »Wir haben ein großes Problem! Wie Sie alle wissen, ist der Bedarf an Waffen gedeckt. Damit können wir kein Geld mehr verdienen. Wir müssen uns etwas einfallen lassen.« Man beriet einige Stunden.

Einige Wochen später verkündete der Regierungschef, der ja im Aufsichtrat des Unternehmens saß, seinem Volk: »Sehr geehrte Bürger, das Problem mit der Aggressivität einiger Schulkinder ist noch nicht gelöst! Selbst wenn jetzt jedes Kind eine Waffe trägt, so lassen sich wilde Schießereien, bei denen viele schwer verletzt oder gar getötet werden könnten, nicht verhindern. Das können wir nur vermeiden, wenn wir unsere Kinder mit kugelsicheren Westen zur Schule schicken. Ich fordere Sie im Sinne der Sicherheit Ihrer Kinder auf, ihnen solche Westen zu kaufen.«

Die Waffenfirma hatte in der Zwischenzeit ihre Produktion auf die Herstellung solcher schusssicheren Westen umgestellt. Fast alle Bürger – insbesondere diejenigen, die Kinder im Schulalter hatten – hielten den Vorschlag für eine gute Idee und besorgten sich bei der Waffenfirma, die jetzt eigentlich keine Waffenfirma mehr, sondern eine Firma für Schutzausrüstung war, solche Westen.

Es verging nur kurze Zeit, bis fast jedes Schulkind und fast jeder Lehrer nicht mehr ohne seine Schutzweste zur Schule ging.

Die ehemalige Waffenfirma wurde immer reicher, größer und mächtiger. Der Regierungschef genoss immer mehr Ansehen im Volk und musste sich um seine Wiederwahl keine Sorgen machen.

Irgendwann trug fast jeder Bürger des Landes eine kugelsichere Weste. Die Firma für Schutzausrüstungen machte kaum noch Umsätze.

Der Chef der Firma berief erneut die Führungsriege zu einer Krisensitzung ein. Er sagte: »Wir haben ein großes Problem! Wie Sie alle wissen, ist der Bedarf an Schutzwesten gedeckt. Damit können wir kein

Geld mehr verdienen. Wir müssen uns etwas einfallen lassen.« Man beriet einige Tage.

Einige Monate später verkündete der Regierungschef seinem Volk: »Sehr geehrte Bürger, wie Sie wissen haben wir nun mehr schon seit Jahren ein großes Problem mit einigen schusswütigen Schülern, die schon so viel Leid über einige unserer Mitbürger gebracht haben. Wir haben alles Menschenmögliche unternommen, um dem Problem Herr zu werden. Die Bewaffnung aller war wohl nicht die Lösung. Die Ausrüstung mit kugelsicheren Westen war zumindest ein großer Schritt in die richtige Richtung. Aber Sie haben sicherlich davon gehört, dass vor einigen Wochen ein Polizist von einem Gangster auf offener Straße erschossen wurde, obwohl der Polizeibeamte eine Schutzweste trug. Sie hat ihm aber nichts genutzt, weil der Täter ihm in den Kopf geschossen hat. Also muss ich leider feststellen, dass unsere Kinder immer noch nicht wirklich geschützt sind.

Jetzt habe ich mit meinem Regierungsstab und mit Unterstützung einer großen Firma die ultimative Lösung gefunden! Ja, es gibt wirklich nur eine absolut sichere Methode: Wir müssen unseren Kindern kleine gepanzerte Autos mit kugelsicheren Fenstern kaufen. Wenn sie mit diesen Autos zur Schule fahren oder gefahren werden und wenn sie diese gar nicht erst verlassen, bis sie am Nachmittag wieder zu Hause sind, kann ihnen nichts passieren. Ich möchte Sie ermuntern, Ihren Kinder solche Autos zu kaufen. Sie sind schon im Handel erhältlich.«

Die Firma für Schutzausrüstung hatte längst die Produktion auf diese gepanzerten Autos verlegt. In Rekordtempo liefen sie vom Fließband.

Es verging nur kurze Zeit, bis fast alle Eltern für ihre Schulkinder ein solches Gefährt kauften. Diejenigen Eltern, die nicht so viel Geld hatten, mussten natürlich an vielen Ecken und Kanten Einsparungen vornehmen. Aber die meisten verzichteten gerne auf eine Urlaubsreise und andere unnötige Dinge, wenn nur ihre Kinder in Sicherheit wären. Der Gewinn des Unternehmens stieg ins Unermessliche. Die Anerkennung für den Regierungschef wurde immer größer.

Die älteren Schulkinder fuhren morgens allein mit ihrem gepanzerten Auto zur Schule. Die jüngeren wurden von ihrem Vater oder ihrer Mutter zur Schule kutschiert. Die ganz reichen Eltern stellten eigens dazu einen Chauffeur ein.

Auf den Schulgeländen wurden neue große Parkplätze angelegt. Für jede Schulklasse gab es hier einen bestimmten Bereich. Dort wurden die Spezialfahrzeuge geparkt, fein säuberlich nach Klassen getrennt. Sie standen in Reih und Glied. So war es den Lehrern leicht möglich zu kontrollieren, ob auch alle Schüler anwesend waren. Natürlich hätte es keinen Sinn gemacht, wenn die Schüler ihr Mobil verlassen hätten, um in das Klassenzimmer zu gehen. Jeder hatte im Cockpit einen Laptop mit Headset. Der Unterricht wurde von den Lehrern, die entweder in einem Raum der Schule oder aber auch in einem gepanzerten Gefährt hockten, direkt zu den Schülern übertragen.

Die meisten Bürger hatten in der Zwischenzeit ihre Waffen, die sie ja jetzt nicht mehr benötigten, entsorgt oder in der besagten Firma für etwas Geld zum Einschmelzen eingetauscht.

Irgendwann war der Bedarf an diesen Schutzfahrzeugen gedeckt. Die Firma für Schutzausrüstungen machte kaum noch Umsätze.

Der Chef der Firma berief einmal mehr seine leitenden Mitarbeiter zu einer Krisensitzung ein und sprach: »Wir haben ein großes Problem! Wie Sie alle wissen, hat jetzt fast jede Familie des Landes ein Schutzfahrzeug. Damit können wir kein Geld mehr verdienen. Unsere Aktionäre machen uns schon die Hölle heiß! Wir müssen uns etwas einfallen lassen.« Man beriet nur wenige Minuten.

Schon am folgenden Tag wandte sich der Chef der Regierung, der mittlerweile in seinem Amt bestätigt worden war, an die Bürger seines Landes: »Sehr geehrte Bürger, wir dürfen alle mit Recht stolz darauf sein, dass unsere Schulen jetzt wieder ein sicherer Ort sind. Aber die Sache mit den Schutzfahrzeugen war doch noch nicht der Weisheit letzter Schluss. Vielen Eltern ist es nicht zuzumuten, ihre Kinder Tag für Tag zur Schule fahren und dann einige Stunden warten zu müssen, bis sie sie wieder heimkutschieren können. Außerdem haben neueste Messungen einer unabhängigen Forschergruppe ergeben, dass diese Autos die Umwelt in unverantwortlichem Maße belasten. Es gibt doch nichts besseres, als wenn jedes Kind wieder eine eigene Waffe trägt, mit der es sich im Falle eines Falles verteidigen kann. Außerdem, wenn jeder Schüler bewaffnet ist, wird es keiner wagen zu schießen, da er fürchten muss, dass dann auch auf ihn geschossen werden könnte.

Mittlerweile ist die Technik des Unternehmens, das Sie schon mit so vielen höchst wirkungsvollen und nützlichen Dingen versorgt hat, so weit fortgeschritten, dass sie besonders leichte und hocheffektive Handfeuerwaffen herstellen kann, die wirklich für uns alle einen Segen darstellen.

Sollten Sie noch im Besitz Ihrer altmodischen Waffen sein, so können Sie diese der Firma übergeben. Sie wird sie dann einschmelzen und Ihnen noch einen Batzen Geld dafür geben.«

Kurze Zeit später trat eine kleine Gruppe recht sonderbarer Bürger mit einem völlig absurden Vorschlag auf:

»Die Sicherheit unserer Kinder ist nur dann zu gewährleisten, wenn keiner mehr eine Waffe trägt. Wir fordern, dass Waffen für die Bevölkerung abgeschafft werden. Es dürfen keine Waffen mehr in den Handel kommen!«

Ob diese Gruppe sich Gehör verschaffen konnte, ist nicht überliefert...

Die etwas enttäuschten Engel

Vor unerdenklich langer Zeit, als die Erde noch nicht bewohnt war, herrschte im Himmel eine größtmögliche Harmonie.

Die noch ganz junge Menschheit sowie alle Engelwesen lebten hier in Frieden, Eintracht und größtem Glück bei Gott.

Die Engel, die schon deutlich größere Fähigkeiten und eine viel höhere Weisheit als die Menschen besaßen, arbeiteten freudig an der Ausarbeitung der Pläne, die der göttliche Vater ersonnen hatte. Sie gingen ganz auf in ihrem Dienst. Es wäre ihnen gar nicht möglich gewesen, jemals gegen die göttlichen Absichten zu handeln.

Die Menschen jedoch waren noch wie unmündige Kinder, die nichts zu den göttlichen Plänen und Zielen beizutragen vermochten. Sie bewunderten die Engel, die schon so viel wirken konnten.

Eines Tages sagte einer der Menschen: »Was nutzen uns dieses schöne Leben und die ganze göttliche Liebe, wenn wir immer nur den Engeln bei ihrem Schaffen zusehen können, ohne selbst etwas machen zu dürfen! Ich will auch wie ein Engel sein!«

Die anderen stimmten ihm zu.

Da sprach Gott: »Meine geliebten Menschen! Ihr müsst euch erst die Anwartschaft erwerben, um ein Leben führen zu können, das dem der Engel gleicht.

Das könnt ihr aber hier in der Himmelswelt nicht erreichen.«

Sogleich schickte Gott die Menschen auf die Erde.

Dort mussten sie erst lernen, weitgehend allein zurechtzukommen. Allerdings wurden sie anfangs dabei noch sehr von Gott und den Engeln unterstützt.

Nun trat etwas in die Erfahrungswelt der Menschen, das keinem Himmelswesen bekannt ist: Hunger, Durst, Krankheit, Leid und Tod. Ein Engel muss so etwas niemals durchleben.

Wenn ein Mensch gestorben war, kam er wieder für einige Zeit in die Himmelswelt. Hier konnte er sich ein wenig von seinem Erdenleben erholen und unter Anleitung der Engel Pläne für sein nächstes Leben schmieden.

Dann wurde er wieder auf die Erde geschickt.

Als die Menschen erst ein paar Mal auf der Erde gelebt hatten, waren sie sich noch der göttlichen Führung bewusst. Sie konnten die Engelwesen wahrnehmen und sich von ihnen jederzeit Rat holen.

Aber je häufiger sie auf der Erde waren, desto mehr vergaßen sie ihre himmlische Heimat und die Engel. Viele behaupteten sogar, dass es weder Gott, noch Engel noch überhaupt eine andere Welt als die Erdenwelt gäbe.

Die Menschen irrten mehr und mehr von dem eigentlichen Ziel ihrer Erdenlaufbahn, sich zu engelartigen

Wesen zu entwickeln, ab. Sie wurden immer egoistischer, sie stritten sich und bekriegten sich ganz fürchterlich. Das Leid vieler Menschen wurde immer größer.

Doch nach vielen, vielen Jahrtausenden bahnte sich die Wende an. Gott schickte einige Menschen – oder vielleicht waren es ja auch Engel in Menschengestalt – auf die Erde, die die übrigen wieder von ihm, von den Engeln und vom Himmel lehrten. Das bewegte eine ganze Reihe von Menschen zur Umkehr.

Sie begannen zu begreifen, warum sie vor Urzeiten erstmals auf die Erde geschickt worden waren und setzten alles daran, ihr Leben jetzt so einzurichten, dass sie das göttliche Ziel erreichen könnten.

Eines Tages wird es dann soweit sein: Ein großer Teil der Menschheit wird für immer in die himmlischen Welten zurückkehren können.

Gott wird sie voller Freude in Empfang nehmen und zur Begrüßung mit allen Himmelsbewohnern ein großes himmlisches Fest feiern.

Vielleicht werden einige der Engel dann etwas enttäuscht oder zumindest überrascht sein und sich an Gott wenden und sagen: »Göttlicher Vater! Die Menschen haben sich lange Zeit von Dir abgewendet und wollten von Dir nichts wissen. Sie haben auf der Erde ganz fürchterliche Dinge gemacht. Um ein Haar hätten sie die wunderschöne Erde zerstört und sich selbst ausgerottet. Vater, Du weißt, wie viel Mühe es uns gekostet hat, das zu verhindern! Jetzt kommen sie wieder zurück, und Du bereitest ihnen ein Fest, wie Du es hier mit uns noch nie gefeiert hast!«

Gott wird dann antworten: »Meine geliebten Engel! Ihr wart die ganze Zeit über bei mir, immer in meiner Nähe. Euch hat es an nichts gefehlt. Für eure treuen Dienste habe ich euch alles gegeben, dessen ihr bedurftet. Die Menschen aber, die waren lange, lange Zeit nicht bei mir. Sie haben während ihrer Erdenlaufbahn viel Schlimmes erlebt. Sie mussten oftmals durch den Tod gehen, sie waren häufig schwer krank, sie mussten viele schwere Schicksale ertragen. All das ist euch erspart geblieben.

Jetzt sind sie wieder aus eigenem Antrieb und aus freien Stücken zu mir zurückgekehrt. Jetzt können sie genau wie ihr an der Verwirklichung meiner Pläne mitwirken. Wie sollte ich mich da nicht freuen und ein großes Fest feiern!«

Die Engel werden dann langsam beginnen zu verstehen, was der göttliche Vater ihnen mitteilen will, und sich sogar sehr freuen, dass sie jetzt neue himmlische Helfer haben und selbst um eine Stufe höher steigen dürfen.

(Anmerkung: Diese Geschichte ist dem Gleichnis *»Vom verlorenen Sohn«* aus dem *Lukas*-Evangelium, Kapitel 15, Vers 11ff entlehnt.)

Der Kreislauf der guten Tat

Ein älterer Mann ging einmal in eine Apotheke, um ein paar Medikamente, die ihm sein Arzt verordnet hatte, abzuholen.

An der Kasse stand eine junge Mutter, die sich gerade eine Arznei aushändigen ließ. Die Apothekerin sagte zu ihr: »So, dann bekomme ich von Ihnen 47,50 €.« Die junge Mutter kramte hektisch in ihrer Geldbörse und in ihren Taschen und sagte dann: »Das ist aber jetzt dumm! Ich hätte nicht damit gerechnet, dass die Arznei so teuer ist. Ich bekomme nur 39,75 € zusammen. Kann ich Ihnen das restliche Geld nicht vielleicht Morgen bringen?«

Die Apothekerin blieb stur und sprach: »Nein, das ist hier nicht üblich. Außerdem kenne ich Sie ja überhaupt nicht!«

Die Kundin war ganz aufgelöst und sagte: »Mein kleiner Sohn ist schwer krank. Er braucht diese Medizin dringend! Wenn ich jetzt erst wieder nach Hause laufen würde, um das restliche Geld zu holen, schaffe ich es nicht mehr vor Ladenschluss wieder hier zu sein.«

Doch die Apothekerin blieb stur.

Der ältere Mann, der das Gespräch mitgehört hatte, warf der Apothekerin einen verständnislosen Blick zu und sagte zu der jungen Mutter: »Hier, gute Frau, ich schenke Ihnen das fehlende Geld. Nehmen Sie es bitte!«

Die junge Mutter zierte sich erst ein wenig, doch dann nahm sie es dankend an: »Sie hat mir der liebe Gott geschickt! Wie kann ich das wieder gutmachen?«

Der Mann sagte nur: »Vielleicht bringt Sie das Leben auch einmal mit einem Menschen zusammen, der auf Ihre Hilfe angewiesen ist. Dann können Sie ihm auch Gutes tun! Ich wünsche Ihrem Sohn gute Besserung.«

Viele Monate später sah die junge Mutter während eines Einkaufsbummels in einer kleinen Gasse einen jungen Mann am Boden kauern. Er schien schwer verletzt zu sein.

Die Frau wollte schon an dem Verletzten vorübergehen, doch dann erinnerte sie sich an das, was der Mann in der Apotheke ihr gesagt hatte und ging auf ihn zu. »Was ist denn mit Ihnen passiert? Wie geht es Ihnen? Können Sie aufstehen?«, fragte sie.

Der junge Mann antwortete: »Ich bin gerade von zwei Männern überfallen und schwer verprügelt worden. Aber ich glaube, ich habe nur ein paar Schrammen und Kratzer und einen rechten Schock.« Dann erhob er sich mühsam vom Boden. Die junge Mutter konnte jetzt erkennen, dass er an vielen Stellen, im Gesicht und an den Händen, blutete.

Dann sprach sie: »Ich nehme Sie jetzt mit zu mir nach Hause. Ich bin gelernte Krankenschwester und werde Ihre Wunden fachmännisch versorgen.« Der junge Mann nahm das freundliche Angebot dankend an.

In ihrer Wohnung angekommen reinigte und desinfizierte sie seine Wunden und klebte Pflaster drüber. Dann brühte sie einen Tee auf. Während sie ihren Tee tranken, unterhielten sie sich noch über Gott und die Welt.

Als der junge Mann sich nach etwa drei Stunden verabschiedete, sagte er: »Ich bin Ihnen wirklich sehr, sehr dankbar. Darf ich mich für Ihre Mühe erkenntlich zeigen?«

Die junge Mutter antwortete: »Nein, das ist schon in Ordnung. Aber vielleicht kommen Sie ja auch einmal in die Lage, einem anderen Menschen helfen oder ihm einen großen Gefallen tun zu können. Wenn diese Gelegenheit kommt, sollten Sie sie nicht verstreichen lassen!«

Ein paar Jahre später kam der junge Mann eines Tages auf dem Weg zur Arbeit an einem See vorbei. Am Ufer stand ein etwa 8-jähriges Mädchen und weinte bitterlich.

Der junge Mann beugte sich zu dem Mädchen runter und fragte: »Was ist denn los? Warum bist du denn so traurig?« Das Mädchen antwortete ganz aufgelöst: »Mein schöner neuer Ball ist mir beim Spielen ins Wasser gefallen. Ich kann nicht schwimmen und weiß nicht, wie ich ihn wieder da rauskriegen kann. Wenn ich ohne meinen Ball nach Hause komme, schimpfen meine Eltern und schenken mir vielleicht nie wieder etwas!«

Der junge Mann sah den schönen, bunten Ball etwa zwei Meter vom Ufer entfernt auf der Wasseroberfläche liegen. Zunächst versuchte er, ihn mit einem langen Ast, der von einem Baum abgebrochen war und in der Nähe des Ufers lag, herauszufischen. Doch es gelang ihm nicht.

Er wollte aber dem Mädchen unbedingt helfen. Obwohl ihm klar war, dass er dann zu spät zur Arbeit kommen und dass seine Unterwäsche klatschnass sein würde, zog er sich Schuhe und Kleidung bis auf die Unterhose aus und sprang ins Wasser, um den Ball zu holen. Mit einem Lächeln übergab er ihn dem Mädchen und sagte: »Hier ist er! Passe aber zukünftig besser auf, dass dir so ein Missgeschick nicht noch einmal passiert!«

Das Mädchen war ganz glücklich und bedankte sich herzlich. Der junge Mann wollte eigentlich schon weitergehen, dann fiel ihm aber etwas ein, und er sagte zu dem Mädchen: »Du musst dich nicht bedanken. Vielleicht kommt ja einmal ein Tag, an dem du einem anderen Menschen auch helfen kannst.«

Das Mädchen musste noch sehr lange und auch später immer wieder einmal an diesen Satz denken.

Viele Jahre später war der ältere Mann, der einstmals der jungen Mutter in der Apotheke das Geld geschenkt hatte, ein alter Mann und ziemlich schwer krank. Er wusste, dass er nicht mehr allzu lange zu leben hatte. Als er einmal auf einer Parkbank saß, dachte er: »Wie gerne würde ich, bevor ich sterben muss, noch einmal meinen alten Freund Karl sehen! Als wir uns vor vielen Jahren das letzte Mal gesehen hatten, waren wir in einen großen Streit geraten. Wie gerne würde ich mich mit ihm wieder vertragen! Aber er wohnt weit weg in einem Pflegeheim, und ich weiß nicht recht, wie ich dahinkommen kann.«

So saß er noch eine ganze Weile da, traurig und in Gedanken versunken.

Das kleine Mädchen war in der Zwischenzeit eine junge Frau geworden. An dem besagten Tag führte ihr Weg sie durch den Park, wo der alte Mann saß.

Als sie ihn da so traurig sitzen sah, ging sie auf ihn zu und fragte ihn: »Entschuldigen Sie, dass ich Sie einfach so anspreche. Aber Sie machen einen so unendlich traurigen Eindruck. Kann ich Ihnen irgendwie helfen?« Sie hatte das Wort »helfen« noch nicht ganz ausgesprochen, als ihr das wieder einfiel, was der junge Mann ihr vor Jahren gesagt hatte und worüber sie so oft sinniert hatte.

Der alte Mann schilderte ihr sein Problem.

Darauf antwortete die junge Frau: »Ich habe heute den ganzen Tag nichts vor. Wenn Sie wollen, fahre ich Sie gerne mit meinem Auto zu ihrem Freund.«

Der alte Mann nahm das Angebot freudig und dankend an. Natürlich war ihm gar nicht bewusst, dass er es vor Jahren gewesen war, der den Grundstein zu dieser guten Tat gelegt hatte.

Der Lehrer und der Bergmann

Bis weit ins 20. Jahrhundert hinein wurden die weitaus meisten Häuser und Wohnungen in den Städten noch mit Kohleöfen geheizt. Wenn der Winter nahte, bestellten sich die Menschen viele Säcke Kohle, die sie in ihren Kellern lagerten. An Wintertagen holten sie dann in Teuten oder Eimern so viel in ihre Wohnstuben, wie sie an diesem Tag brauchten.

Die Kohle wurde tief unter der Erde in Bergwerken abgebaut. Die Arbeiter, die dieser unglaublich harten Arbeit Tag für Tag nachgingen, waren die Bergleute oder Bergmänner. Diese genossen in manchen Kreisen keinen allzu guten Ruf. Es ist schwer zu beurteilen, was der Grund dafür gewesen sein mag. Möglicherweise lag es daran, dass man diesen Beruf ohne besondere Ausbildung ausüben konnte und dass viele Bergmänner ein wenig ungebildet waren oder zumindest als ungebildet galten.

Die meisten Bergwerke, die auch Zechen genannt wurden, gab es im Ruhrgebiet. In keiner anderen Region wurde mehr Kohle abgebaut.

In einer Stadt des Ruhrgebiets lebte in einer Bergarbeitersiedlung die Familie Zabel. Herr Zabel arbeitete seit Jahren im Bergwerk. Schon sein Vater war als Bergmann tätig. Herr und Frau Zabel hatten den großen Wunsch, dass ihr Sohn Hans-Peter später mal einen weniger gefährlichen und kräftezehrenden Beruf ergreifen sollte. Da ihr Sohn recht begabt war, schickten sie ihn mit zehn Jahren auf das örtliche Gymnasium.

In einer der ersten Unterrichtsstunden rief der Klassenlehrer alle Schüler in alphabetischer Reihenfolge auf und forderte sie auf, den Beruf ihres Vaters zu nennen, den er dann ins Klassenbuch neben den Namen und Adressen der Schüler notierte. Der Lehrer hörte vorwiegend Berufe wie Staatsanwalt, Arzt, Fabrikbesitzer, Offizier, Kaufmann, Künstler und dergleichen. Als Hans-Peter ziemlich zum Schluss an der Reihe war, sagte er mit gewissem Stolz: »Mein Vater übt einen der schwersten und wichtigsten Berufe aus; er ist Bergmann.« Viele seiner Klassenkameraden schauten ihn mit einem ganz merkwürdigen, fast mitleidigem Blick an. Der Lehrer zog die Augenbrauen hoch und sagte nur fast unhörbar: »Aha, Bergmann!« Hans-Peter verstand diese etwas seltsamen Reaktionen nicht.

Doch in den nächsten Monaten wurde ihm langsam so einiges klar. Er erkannte, dass einige Schüler, deren Väter besonders hochrangige Berufe hatten, bei manchen Lehrern ganz offensichtlich einen Bonus genossen. So wurden sie nicht so hart getadelt oder gar bestraft, wenn sie etwas ausgefressen hatten. Auch bekamen sie meistens für ihre Leistungen viel zu gute Zensuren. Als ein Mitschüler einmal im Biologieunterricht abgefragt wurde, wurde schnell deutlich, dass er nicht viel gelernt und somit nicht viele richtige Antworten geben konnte. Darauf sagte der Lehrer, ein gewisser Herr Brüsehaber: »Eigentlich müsste ich dir jetzt eine sehr schlechte Note geben. Aber das kann ich ja deinem Vater, dem Herrn Oberstaatsanwalt, nicht antun!«

Dieser Herr Brüsehaber war ein Lehrer, der sehr auf die gesellschaftliche Stellung der Eltern seiner Schüler bedacht war. Auch wenn er sich manchmal regelrecht beherrschen musste, hätte er einem Schüler, dessen Vater einen hochrangigen Beruf ausübte, niemals die Leviten gelesen. So richtete sich Herrn Brüsehabers ganzer Unmut gegen Hans-Peter, dessen Vater ja nur Bergmann war. Wann immer Hans-Peter einmal nicht ganz so gute Leistungen erbrachte, musste er sich Sprüche wie »Mehr kann man von einem Bergmannssohn auch nicht verlangen« oder »Du benimmst dich wie ein Bergmann« anhören.

Als Hans-Peter einmal wieder nicht den Erwartungen seines Lehrers entsprechen konnte, schrie Herr Brüsehaber: »Ein Sohn eines Bergmannes hat auf einem Gymnasium nichts verloren!«
    Hans-Peter hatte solche Erlebnisse immer mit sich selbst auszumachen versucht. Diesmal war aber das Maß voll! Er erzählte es daheim seinen Eltern. Seine Mutter weinte; sein Vater sagte nach kurzer Überlegung ganz ruhig: »Mach dir keine Sorgen, mein Sohn! Ich werde mir etwas einfallen lassen.«

Kurze Zeit später stand der Winter vor der Tür. Die Menschen brauchten wieder Kohle. Herr Brüsehaber beauftragte seinen Händler, ihm wie jedes Jahr zwanzig Säcke zu liefern. Doch der Kohlenhändler sagte:

»Für Sie habe ich dieses Jahr keine Kohle!« Herr Brüsehaber verstand nicht und wollte den Grund wissen. Doch er bekam keine Antwort. Dann wandte er sich an den nächsten der vier Händler, die es in der Stadt gab. Aber auch der wollte ihm keine Kohle verkaufen. Von jedem Händler, den Herr Brüsehaber ansprach, bekam er immer die gleiche Antwort: »Für Sie habe ich dieses Jahr keine Kohle!« Einen Grund erfuhr er nie.

Es kamen die ersten kalten Tage. Herr Brüsehaber und seine Frau froren in ihrer Wohnung. In der folgenden Woche kam der erste Frost. Die beiden froren jämmerlich, obwohl sie den ganzen Tag im Haus ihre Wintermäntel trugen oder sich in Wolldecken einhüllten. »So kann es nicht weitergehen, wir holen uns ja den Tod! Du musst dir unbedingt etwas einfallen lassen«, herrschte Frau Brüsehaber ihren Mann an.

Herr Brüsehaber hatte eine Idee, die es aber erforderte, über seinen Schatten zu springen. Er dachte: »Hans-Peters Vater ist doch Bergmann. Der kann mir sicher Kohle beschaffen.« So machte er sich auf den Weg in die Bergarbeitersiedlung, wo auch die Familie Zabel wohnte. Es kostete ihn große Überwindung anzuklopfen. Herr Zabel öffnete die Tür. Der Lehrer legte gleich ohne lange Vorrede los: »Mein Name ist Brüsehaber. Ich bin der Biologie-Lehrer Ihres Sohnes. Kein Händler will mir dieses Jahr Kohle verkaufen, obwohl ich den doppelten, ja dreifachen Preis zahlen wollte. Meine Frau und ich frieren ganz entsetzlich. Meine Frau hat sogar schon eine heftige Erkältung. Bitte, lieber Herr Zabel, können Sie mir nicht einen oder zwei Säcke Kohle geben. Ich zahle auch jeden Preis!«

Herr Zabel hörte geduldig zu und sprach: »So, Sie zahlen also jeden Preis?« »Ja, jeden!«, sagte der Lehrer und zückte schon seine Geldbörse. Herr Zabel, der mit dem Besuch des Lehrers schon gerechnet und alles nötige mit seinen Kumpeln und dem Steiger, seinem Chef, vorbereitet hatte, entgegnete mit ruhiger, sicherer Stimme: »Stecken Sie Ihre Geldbörse wieder ein. Der Preis schaut ganz anders aus. – Kommen Sie gleich Morgen früh um 6 Uhr zur Zeche. Wir treffen uns am Eingang zum Hauptschacht. Dann werden Sie einen ganzen Tag mit uns tief unter der Erde arbeiten und sich Ihre Kohle selbst abbauen. Wenn Sie das machen, wird Sie wieder jeder Händler gern beliefern.«

Herr Brüsehaber war erfreut und ahnte natürlich noch nicht, was das wirklich bedeutete. Er willigte ein: »Ja, gerne! Wir treffen uns also Morgen um 6 Uhr!«

Der Lehrer meldete sich in der Schule unter einem Vorwand ab und erschien um Punkt 6 Uhr an dem vereinbarten Treffpunkt. Herr Zabel und einige Kumpel erwarteten ihn schon. »Guten Morgen, Herr Brüsehaber«, sagte Herr Zabel. »Sie können sich hier nebenan in der Kaue umziehen. Arbeitskleidung und Helm liegen für Sie bereit.«

Der Lehrer tat, wie ihm geheißen und harrte der Dinge, die da kommen sollten. Die richtigen und der falsche Bergmann bestiegen den Förderkorb, so eine Art großer Fahrstuhl, der sie auf die siebte Sohle, die etwa 800 Meter unter der Erde lag, beförderte. Während der Fahrt, die einige Minuten dauerte, zeigte sich Herr Brüsehaber über die Fröhlichkeit der Kumpel und den guten Umgangston, den sie pflegten, sehr angenehm überrascht.

Am Arbeitsplatz angekommen gab ein Kumpel dem Lehrer einen schweren Vorschlaghammer in die Hand und zeigte ihm, wie man die Kohle aus der Wand herausbricht. Herr Brüsehaber, der gewiss nicht gerade eine schwächliche Natur war, hatte Mühe, den schweren Hammer auch nur zu halten. Obwohl er sich sehr bemühte, gelang es ihm nicht, auch nur ein wenig Kohle zu gewinnen. Schweißgebadet und völlig fertig sank er nach etwa einer Stunde nieder und jammerte: »Ich kann nicht mehr!«

»So kommen Sie aber nie an Ihre Kohle«, sprach Herr Zabel. »Haben Sie nicht eine andere Arbeit für mich?«, fragte der Lehrer, der sich mittlerweile wieder ein wenig erholt hatte, fast flehend. Ein Kumpel meinte an Herrn Zabel gerichtet: »Er kann ja die Kohle, die wir abgebaut haben, auf die Loren schaufeln.« Herr Zabel fand den Vorschlag gut, gab dem Lehrer eine große Schaufel und zeigte ihm, was er zu tun hatte. Herr Brüsehaber machte, was ihm gesagt wurde.

Zumindest technisch war es keine Herausforderung, die kleinen Waggons mit Kohle zu beladen. Aber es war anstrengend, ganz unfassbar anstrengend. Schon nach einer knappen Stunde tat ihm alles weh, und seine Kräfte schienen ihn endgültig zu verlassen. Die Kumpels feuerten ihn immer wieder an weiterzumachen. So quälte sich der Lehrer durch die 8-Stunden-Schicht. Kurz vor Schichtende löste sich eine Gesteinslawine aus der Wand, die zwei der Kumpel leicht verletzte. Herr Brüsehaber verspürte Todesängste.

Als die richtigen und der falsche Bergmann nach Schichtende wieder ans Tageslicht kamen, sich geduscht und umgezogen hatten, war der Lehrer fix und fertig. Er spürte seine Knochen nicht mehr; er konnte sich kaum noch auf den Beinen halten. Herr Zabel klopfte ihm anerkennend auf die Schultern und sprach: »Sie haben sich ja ganz wacker geschlagen! Aber jetzt haben Sie einmal am eigenen Leib erfahren, wie hart und unter welch gefährlichen Bedingungen manche Menschen arbeiten müssen, damit andere sich den Hintern wärmen können!«

Der Lehrer war ganz still. Dann sah er die vier Kohlenhändler, die ihn kürzlich noch abgewiesen hatten, auf ihn zukommen. Jeder hatte einen Sack mit Kohle dabei. »Die Kohle haben Sie sich heute redlich verdient. Wir werden sie Ihnen gleich in Ihren Keller tragen«, sagte einer von ihnen.

Von diesem Tage an war Herr Brüsehaber wie ausgewechselt. Nie wieder kam eine abwertende Bemerkung über Bergleute über seine Lippen. Auch Hans-Peter wurde von ihm jetzt genauso freundlich und gerecht behandelt wie alle anderen Schüler.

Die erfüllte Prophezeiung

Heinz Oster lebte als junger Mann ganz zu Beginn des 20. Jahrhunderts in einem Städtchen unweit der französischen Grenze. Seinen Lebensunterhalt verdiente er als Verkäufer in einem kleinen Schuhgeschäft. Er war ein äußerst freundlicher und überaus höflicher Zeitgenosse, der bei allen, die mit ihm zu tun hatten, sehr beliebt war. Er zeigte für vieles, was das Leben zu bieten hatte, reges Interesse.

Eines Nachts wurde er jäh aus dem Schlaf gerissen. Schweißgebadet und nach Luft ringend setzte er sich in seinem Bett auf. Langsam dämmerte ihm, was geschehen war. Er hatte einen fürchterlichen Alptraum. Er träumte, dass er einen Mann, der ihm im Traum so groß wie ein Riese erschien, erschossen hätte. Das viele Blut, das er im Traum sah, und der Knall der Schusswaffe, der noch regelrecht in seinen Ohren dröhnte, machten ihm schwer zu schaffen. Es dauerte etwa eine halbe Stunde, bis er sich wieder einigermaßen fassen konnte. Es schien Herrn Oster unvorstellbar, dass ausgerechnet er, der keiner Fliege etwas zuleide tun konnte, einen anderen Menschen töten sollte. Dann versuchte er sich zu beruhigen: »Gott sei Dank war es ja nur ein Traum! Und Träume sind bekanntlich Schäume!« So schlief er denn wieder ein.

Aber auch an den folgenden Tagen musste er noch häufig an diesen furchtbaren Traum denken.

Etwa zwei Jahre später schlenderte Herr Oster mit einem Freund über einen Jahrmarkt. An seinen Traum dachte er schon lange nicht mehr. Dann fiel sein Blick auf eine Frau mittleren Alters mit langen schwarzen Haaren und großen goldenen Ohrringen. Sie saß vor einem kleinen Zelt, an dem auf einem Schild zu lesen war: »Ich sage Ihnen die Zukunft voraus.« »Aha, eine Wahrsagerin«, dachte er. Die Frau schaute ihn ganz intensiv an, als wollte sie ihn auffordern, zu ihr zu kommen. Herr Oster hielt nichts von Wahrsagerei. Als frommen Katholiken war das für ihn Teufelswerk. Doch irgendwie konnte er der Versuchung nicht widerstehen. Er ging auf die Frau zu. Sie bat ihn, sie ins Zelt zu begleiten. Dort nahmen die beiden an einem kleinen Tisch Platz. Die Wahrsagerin forderte ihn auf, ihr seine rechte Handfläche vorzuzeigen. Dann begann sie, aus der Hand zu lesen. Zunächst prophezeite sie ihm einige eher banale Dinge. So sagte sie: »Sie werden in Ihrem Beruf sehr erfolgreich sein und in vielen Jahren das Geschäft, in dem Sie heute arbeiten, übernehmen. Sie werden – wie es scheint – nie heiraten und auch keine Kinder haben.« Herr Oster hörte ihre Voraussagen geduldig und fast gelangweilt, ohne ihnen eine große Bedeutung beizumessen.

Plötzlich hielt die Wahrsagerin inne. Sie schien erschrocken und überlegte, ob sie das, was sie nun zu sehen glaubte, überhaupt preisgeben sollte. Da Herr Oster das bemerkte, sagte er fordernd: »Nun sagen Sie schon! Machen Sie weiter!« Die Wahrsagerin sprach mit leiser Stimme und etwas zögerlich: »Nun, was ich jetzt noch sehe, ist sehr, sehr unangenehm. Aber Sie wollen es ja hören. Also gut, Sie werden in einigen Jahren einen Mann töten – mit einer Schusswaffe!« Herr Oster erschrak. Sofort kam die Erinnerung an den längst vergessenen Traum wieder hoch. Er fasste sich und fragte: »Was ist das für ein Mann? Kenne ich ihn? Und warum sollte ich ihn töten? Ich habe ja nicht einmal eine Waffe!« Die Wahrsagerin studierte ganz konzentriert seine Handlinien und warf zur Absicherung ihrer Prophezeiung noch einen langen Blick in ihre Kristallkugel. Dann sprach sie: »Nein, den Mann kennen Sie nicht. Auch kann ich Ihnen nicht sagen, warum Sie ihn töten.« Herr Oster legte nach: »Können Sie denn vielleicht sehen, wer dieser Mann ist oder sein könnte?« »Das ist nicht ganz einfach. Sicher ist, dass der Mann kein Deutscher ist. Er wohnt aber nicht weit von hier, direkt hinter der Grenze in einer kleinen Ortschaft. Dort arbeitet er in einem kleinen Betrieb. Er stellt Waren aus Leder her. Es könnten Taschen oder aber auch Schuhe sein. Ich glaube, dass der Mann noch sehr jung und sehr, sehr groß und kräftig ist«, orakelte die Wahrsagerin.

Sofort fiel Herrn Oster wieder ein, dass er in seinem Alptraum den Eindruck hatte, einen Riesen getötet zu haben. Er war von dem, was die Wahrsagerin ihm sagte, tief beeindruckt und entsetzt zugleich. Er gab der Wahrsagerin dankend 2 Mark und verabschiedete sich von ihr. Seinem Freund, der vor dem Zelt auf ihn gewartet hatte, sagte er nur: »Die hat mir nur Humbug erzählt. Das Geld hätte ich mir sparen können!«

An den nächsten Tagen musste Herr Oster andauernd an das, was ihm sowohl in seinem Traum als auch von der Wahrsagerin prophezeit wurde, denken. Es wurde ihm zu einer schier unerträglichen Vorstellung, dass sein Traum und die Worte der Wahrsagerin womöglich eines Tages Wirklichkeit werden könnten. Nachdem er wochenlang gegrübelt hatte, fasste er schließlich einen Entschluss: »Ich muss den Mann finden, ich muss ihn kennenlernen. Vielleicht ist er mir ja sympathisch, so dass wir uns anfreunden können, und einen Freund werde ich gewiss nicht töten!«

Aufgrund der Aussagen der Wahrsagerin wusste er ja in etwa, wo der Mann wohnt und was er von Beruf ist. Hinter der Grenze gab es auf französischem Gebiet im Grunde nur drei Dörfer, die in Frage kamen. Herr Oster machte sich auf den Weg in die erste in Betracht kommende Ortschaft. Wie die meisten Grenzbewohner konnte er sich in der französischen Sprache einigermaßen verständigen. Gleich den ersten Mann, dem er begegnete, stellte er die Frage: »Ich bin auf der Suche nach einem Betrieb, in dem Produkte aus Leder hergestellt werden. Können Sie mir einen Tipp geben?« »Hier werden Sie keinen solchen finden. Aber gleich im Nachbardorf gibt es eine alte Schusterwerkstatt. Sie gehört dem alten Lemaire und seinem Sohn«, entgegnete der Gefragte. Herr Oster bedankte sich und machte sich sogleich in das besagte Nachbardorf auf.

Er musste gar nicht lange suchen. Schon am Ortseingang sah er ein altes Haus, in dem ganz offensichtlich das Schusterhandwerk betrieben wurde. Er ging hinein – und war wie vom Blitz getroffen! Ein unfassbar groß gewachsener, kräftiger junger Mann, der vielleicht ein paar Jahre älter war als er, stand in der Werkstatt und fragte freundlich: »Bon jour, was kann ich für Sie tun?« Herrn Oster fiel es schwer, seine Fassung wieder zu finden. Ihm war sonnenklar, dass es sich bei diesem bestimmt fast zwei Meter großen Mann um den aus seinem Traum handelte. Stammelnd versuchte er den Anschein zu erwecken, als wollte er seine Schuhe neu besohlen lassen. Der Mann, der sich jetzt als Pierre Lemaire vorstellte, merkte, dass die Sohlen seiner Schuhe noch nicht reaparaturbedürftig waren und dass der Kunde eigentlich kein Kunde war, sondern etwas auf dem Herzen hatte. Herr Oster sagte, dass er ihn unbedingt in Ruhe sprechen müsse. Monsieur Lemaire, der zum Glück sehr gut Deutsch sprach, meinte: »Kein Problem! Gerne! Ich habe jetzt etwas Zeit und bin schon sehr gespannt!«

Die beiden hockten sich in einen Nebenraum und tranken ein Gläschen Rotwein. Dann erzählte Herr Oster die ganze Geschichte – ohne auch nur ein Detail auszulassen. Der Schuster hörte interessiert zu. »Das ist ja ganz unglaublich! Aber – um ehrlich zu sein – ich glaube weder an prophetische Träume noch an Wahrsagerei! Und außerdem, warum sollten Sie mich erschießen?«, sagte er.

Herr Oster und Monsieur Lemaire waren sich vom ersten Augenblick an sympathisch. So beschlossen sie, sich am Abend in einem nahe gelegenen Bistro zu treffen. Hier saßen sie viele Stunden beieinander. An den eigentlichen Grund des Besuches dachten sie schon bald nicht mehr. Sie redeten über Gott und die Welt und freundeten sich ein wenig miteinander an.

Auch in den nächsten Monaten und Jahren trafen sich die beiden immer wieder. Längst waren sie dicke Freunde geworden. Auch nachdem Monsieur Lemaire geheiratet hatte, brach der Kontakt nicht ab. Ganz im Gegenteil – auch Madame Lemaire und Herr Oster mochten sich.

Nur noch äußerst selten musste Herr Oster an seinen Alptraum und die Prophezeiung der Wahrsagerin auf dem Jahrmarkt denken. Wenn diese Erinnerung dann wirklich einmal hochkam, so dachte er sich: »Ich bin der Prophezeiung zuvorgekommen. Der Mann ist jetzt ein guter, ja sogar mein bester Freund. Und einen Freund erschießt man ja wohl nicht!«

Die Zeit verging. Dann kam das Jahr 1914. Der Erste Weltkrieg begann. Nun wurde es nicht mehr so einfach, die Grenze zu überschreiten. Schließlich waren Deutschland und Frankreich jetzt Kriegsgegner. Herr Oster und Monsieur Lemaire konnten sich jetzt nur noch höchst selten sehen. Sie schrieben sich allerdings hin und wieder Briefe. Ihre Freundschaft litt nicht wirklich darunter, dass ihre Heimatländer sich jetzt bekriegten.

Ende des Jahres 1915 kam der Krieg bei Herrn Oster so richtig an. Er musste als Soldat einrücken. Zu seiner Beruhigung kam er, der sehr fromm und friedliebend war, nicht zu einer kämpfenden Einheit. Er wurde einem Sanitätstrupp zugeteilt. Auch wenn er eine Waffe tragen musste, hatte er mit Kampfhandlungen nicht unmittelbar zu tun. Als Hilfssanitäter musste er bei der Versorgung der verwundeten Kameraden helfen.

Im Frühjahr des Jahres 1916 wurde seine Einheit in die Gegend von Verdun abkommandiert. Hier tobte eine der heftigsten und grausamsten Schlachten des gesamten Ersten Weltkrieges. Herr Oster und seine Kameraden des Sanitätstrupps stellten hier notdürftig ein Zelt auf, das zur Unterbringung der kranken und verwundeten deutschen Soldaten diente. Herr Oster kümmerte sich Tag und Nacht um die Kameraden, die in diesem notdürftigen Lazarett lagen.

Eines Nachts musste Herr Oster Wache halten. Mit seinem Gewehr bewaffnet bezog er vor dem Lazarett Stellung und beobachtete die Umgebung. Kurz vor der Wachablösung sah er im dämmerigen Morgenlicht, wie ein Feind sich vorsichtig an das Zelt heranpirschte. Er hielt eine Handgranate in der Hand, die er gerade zünden wollte, um sie auf das Lazarett, in dem er feindliche deutsche Soldaten wähnte, zu werfen.

Herr Oster hatte keine andere Wahl. Er feuerte einen Schuss auf den Feind ab, der blutüberströmt zusammenbrach und am Boden liegen blieb. Herr Oster war ganz aufgewühlt. Aber er wusste, dass er wohl das Richtige getan hatte.

Dann schaute er nach, ob der Angreifer tot war oder ob man ihn noch retten konnte. Er nahm ihm den Helm ab und war erschüttert! Es war sein Freund Pierre Lemaire. Sein Freund war tot!

Die göttlichen »Baumeister«

Pfarrer Hoffs bereitete die zehn- bis vierzehnjährigen Firmlinge, die in zwei Wochen das Sakrament der Firmung empfangen sollten, schon seit Monaten darauf vor. Jeden Mittwoch traf sich die Gruppe um 15 Uhr im Pfarrhaus. Der Pfarrer unterrichtete die Jugendlichen über alles, was sie über dieses Sakrament wissen mussten und was sie am Tag ihrer Firmung zu beachten hatten.

Am vorletzten Mittwoch sagte Pfarrer Hoffs: »So, eigentlich sind wir mit dem Firmunterricht fertig. Wir könnten den heutigen Tag nutzen, um irgendwelche Fragen, die euch auf der Seele liegen, zu besprechen. Ihr könnt also fragen, was immer ihr wollt. Es wäre natürlich schön, wenn eure Fragen etwas mit unserem Glauben zu tun hätten.«

Die Jugendlichen schwiegen eine Weile, schienen aber mit dem Vorschlag sehr einverstanden zu sein. Bei einigen konnte man regelrecht sehen, wie sie sich Fragen zurechtlegten, die sie bewegten.

Dann legte der elfjährige Wolfgang los: »Herr Pfarrer, wir haben kürzlich im Religionsunterricht bei Frau Haberkorn gelernt, dass Gott die ganze Welt, mit allem was dazu gehört, geschaffen habe. Hat er das wirklich alles ganz allein bewältigt?« »Ja klar!«, warf ein Mädchen namens Anna etwas vorlaut ein. »Er ist doch allmächtig! Er kann einfach alles ganz allein!«

Der Pfarrer, ein älterer weiser Herr, freute sich über diese Frage und begann nach kurzem Bedenken: »Das ist wirklich eine gute Frage, Wolfgang! Natürlich ist Gott allmächtig, Anna. Aber bevor ich diese Frage beantworten kann, möchte ich ein Beispiel bringen.«

Die Firmlinge lauschten gespannt. Pfarrer Hoffs fuhr fort: »Denkt einmal an unsere wunderschöne Pfarrkirche, die – wie einige von euch vielleicht wissen – schon vor über hundert Jahren errichtet wurde. Was glaubt ihr, wer sie gebaut hat?« »Ja, Menschen natürlich!«, antwortete Anna forsch. »Und welche Menschen?«, wollte Pfarrer Hoffs wissen. »Ja, die damalige katholische Pfarrgemeinde«, meinte Anna.

»Seht ihr, so oder zumindest sehr ähnlich würden wahrscheinlich die meisten Menschen diese Frage beantworten. Es ist ja auch nicht falsch, wenn man sagt, die damalige Gemeinde habe die Kirche errichtet. Aber ist das nicht viel zu ungenau? Wen könnte eine solche Aussage wirklich befriedigen?«, sprach Pfarrer Hoffs. »Eine solche Antwort wäre ja auch viel zu abstrakt. Was kann man sich schon unter ›damalige Gemeinde‹ vorstellen?«, ergänzte ein anderer Junge.

»Sehr richtig!«, sagte der Pfarrer und fuhr fort: »Wir kommen jetzt der Sache schon wesentlich näher. Bevor man ein Bauwerk, also etwa eine Kirche, errichten kann, muss es zunächst einmal einen Menschen geben, der die Idee hat, es zu bauen. Dann muss er seine Idee anderen Menschen mitteilen und sie dafür gewinnen. Als nächstes braucht man einen Bauherren, der die Idee genehmigt und für die Umsetzung verantwortlich ist. Er muss sich vielleicht auch noch um die Finanzierung kümmern. Wer im Falle unserer Pfarrkirche die Idee hatte, sie zu bauen, weiß ich nicht.

Aber der Bauherr war der Gemeinderat unter Vorsitz des damaligen Pfarrers.« »Dann brauchte man doch noch einen Architekten«, meinte Wolfgang. »Richtig, dieser wurde vom Bauherrn beauftragt, um den Bau der Kirche zu planen«, antwortete Pfarrer Hoffs.

»Aber letztlich gebaut haben die Kirche dann doch wohl ganz andere Menschen, oder?«, warf Anna ein. »So ist es!«, ergänzte der Pfarrer. »Dann waren es letztlich die vielen, vielen Handwerker, die Maurer, die Steinmetze, die Schreiner, die Glaser, die Maler, die Handlanger, usw., die dafür sorgten, dass die Kirche wirklich gebaut werden konnte«, fügte er hinzu.

»Und was hat das damit zu tun, wie Gott die Welt erschaffen hat?«, fragte Wolfgang, der immer noch nicht ganz verstanden hatte.

Pfarrer Hoffs fuhr ruhig fort: »Nun, der liebe Gott ist ja nicht allein im Himmel! Vielmehr gibt es dort ganze Heerscharen von göttlich-geistigen Wesen, von – wenn ihr so wollt – kleinen Göttern. Man nennt sie auch seit alters her die Engelchöre. Die unzähligen Engelwesen stehen auf verschiedenen Stufen, man könnte auch sagen, sie gehören verschiedenen Reichen an. Je höher die Stufe, auf der sie stehen, ist, desto mächtiger sind sie. Sie sind alle Boten oder Diener Gottes. Aus der Bibel und auch aus den Gottesdiensten kennt ihr ja von einigen dieser Wesen die Namen: Auf der untersten Stufe stehen die normalen Engel, die man auch Schutzengel nennen könnte. Dann folgen die Erzengel. Lassen wir jetzt einmal die nächsten fünf Stufen aus. Die Namen dieser Reiche werden nicht so oft genannt und werden euch auch nicht bekannt sein. Dann kommen die Cherubim, und auf der höchsten Stufe stehen die Seraphim. Sie bilden das höchste Reich. Alle diese Wesen sind viel, viel weiser und mächtiger als die klügsten Menschen.«

»Ja haben die Engelwesen etwa alles erschaffen?«, wollte Wolfgang wissen. »Nicht ganz!«, erwiderte der Pfarrer. »Natürlich war es die Idee Gottes, die ganze Welt mit unserem wunderschönen Planeten, den Pflanzen, Tieren und Menschen zu schaffen. Er war auch der Bauherr, der Auftraggeber. Er war es auch, der den großen Gesamtplan entwarf. Dann übergab er seinen Plan den Seraphim, den höchsten Engelwesen. Diese übernahmen gewissermaßen die Rolle des Architekten. Sie arbeiteten den Plan weiter aus und gaben ihre Anweisungen an die Wesen der unteren Stufen. So hatte also jede Engelstufe ihre ganz konkrete Aufgabe zu erfüllen, so wie das etwa beim Bau einer Kirche die Maurerarbeiten, die Schreinerarbeiten, usw. sind.

Ihr seht, jedem Engelwesen, auf welcher Stufe es auch immer steht, fiel im göttlichen Schöpfungsplan eine ganz bestimmte Aufgabe zu. Alle haben daran mitgewirkt.

Dennoch ist es nicht völlig falsch, wenn man sagt, Gott habe alles erschaffen, da es ja seine Idee und sein Plan war und da kein anderer zu einem solch großartigen Plan fähig gewesen wäre.«

Wie ein kleiner Engel sich goldene Flügel verdiente

Die Engel sind schon seit Jahrtausenden damit betraut, die Menschen auf der Erde zu führen und zu beschützen.

In regelmäßigen Abständen kommen sie seitdem immer am Himmelszelt zusammen, um ihre Erfahrungen auszutauschen und sich wertvolle Anregungen zu holen, wie sie vielleicht etwas noch besser machen können oder wie sie gewisse Probleme, die ihre Schutzbefohlenen haben, lösen können. Diese Zusammenkünfte werden von einem Erzengel geleitet, der die Engel berät und unterstützt.

Die weitaus meisten Engel haben große goldene Flügel, die unglaublich leuchten und strahlen. Einige aber haben nur silberne Flügel, die nicht so schön leuchten. Ein besonders kleiner Engel mit silbernen Flügeln beneidete seine Kollegen schon seit langer Zeit wegen ihrer schönen goldenen Flügel, die er natürlich auch gern gehabt hätte.

Eines Tages nahm der kleine Engel seinen ganzen Mut zusammen und fragte den Erzengel: »Lieber Erzengel, warum haben die meisten meiner Kollegen so schöne goldene Flügel, während ich nur ziemlich kleine silberne habe?« Der Erzengel antwortete: »Mein geliebter Engel, diese Engel haben schon sehr viel für die Menschen getan. Entweder haben sie einen Erdenbürger sein ganzes Leben lang begleitet und beschützt oder sie haben bestimmten Menschen in einer besonders kritischen Situation geholfen. Daher haben sie sich ihre goldenen Flügel verdient.«

»Ich würde auch sehr gern etwas für einen Menschen tun! Welchem Menschen könnte ich denn helfen? Und was müsste ich tun?«, fragte der kleine Engel. »Nun, du müsstest dir einen Menschen suchen, der in einer äußerst schwierigen Situation ist und vielleicht eine Dummheit vorhat, vor der du ihn bewahren müsstest!«, entgegnete der Erzengel.

Darauf meinte der Engel: »Dazu bin ich selbstverständlich bereit! Aber wie finde ich da unten auf der Erde einen Menschen, der meiner Hilfe dringend bedarf?«

»Dabei werde ich dir helfen. Ich weiß schon einen Menschen, der dich braucht!«, erwiderte der Erzengel, führte den kleinen Engel an die Himmelspforte und schaute mit ihm auf die Erde hinunter. »Siehst du dort unten den Mann, der da im Stadtpark auf einer Bank sitzt?« Der Engel nickte. »Genau um den geht es. Dieser Mensch wird auf der Erde unter dem Namen Walter Schober geführt.«

»Der schaut ja ganz traurig aus! Was hat er für ein Problem?«, wollte der kleine Engel wissen. »Nun, dieser Mann ist so verzweifelt, dass er plant, sich in den nächsten Tagen das Leben zu nehmen«, sprach der Erzengel. »Aber das ist ja ganz furchtbar! Wie kann ich das nur verhindern?«, wollte der Engel mit den silbernen Flügeln wissen. Der Erzengel erwiderte: »Das herauszufinden ist deine Aufgabe! Ganz so einfach ist es nicht, sich goldene Flügel zu verdienen. Du musst einen Weg finden, das zu vereiteln. Wie du es machst, ist deine Sache. Aber einen Tipp möchte ich dir noch geben: Lese zunächst ausführlich in der großen Himmels-Chronik, um dich über alles zu informieren, was das Leben von Herrn Schober betrifft. Das kann dir gewiss eine Anregung für deine Hilfe geben.«

Auf der Erde saß Herr Schober immer noch tieftraurig auf der Parkbank.

Vor einigen Jahren war seine Frau gestorben. Da er keine Kinder hatte, war er jetzt ganz allein. Dadurch fiel er für viele Monate in eine tiefe Depression. Wegen dieser Krankheit wurde er dann sogar aus dem Schuldienst vorzeitig in Rente geschickt, obwohl er erst Mitte fünfzig war. Das machte dem ehemaligen Lehrer schwer zu schaffen. Er konnte seinem Leben keinen Sinn mehr abgewinnen. Immer wieder dachte er: »Ich will nicht mehr leben. Mein ganzes Leben war ohnehin nichts wert. Heute habe ich nicht einmal mehr eine Arbeit. Ich bin zu nichts nütze. Also, wozu sollte ich noch leben?«

Natürlich können Engel alles wahrnehmen, was Menschen auf der Erde sagen und denken. So bekam auch der kleine Engel mit, was Herr Schober dachte und er wurde ganz betrübt und sagte sich: »Dem armen Mann muss ich unbedingt helfen! Ich muss verhindern, dass er sein Vorhaben in die Tat umsetzt!«

In der Zwischenzeit hatte er schon sehr ausführlich die Himmels-Chronik studiert, in der alles verzeichnet ist, was ein Mensch jemals gemacht, gedacht und gefühlt hat. Er schaute auf alles, was das bisherige

Leben von Herrn Schober anbelangte. Das gesamte Leben seines Schützlings lief wie ein Film im Zeitraffer vor dem Seelenauge des Engels ab. Da kam ihm auch schon bald eine Idee, wo und wie er ansetzen könnte.

Herr Schober hatte vor vielen Jahren einen Schüler auf dem Gymnasium, einen gewissen Dieter Jacobi. Dieser war ein sehr schlechter Schüler, und die meisten Lehrer waren der Meinung, dass es keinen Sinn machen würde, ihn zum Abitur zu führen. Nur Herr Schober glaubte immer an ihn. Er hatte ihn stets gegen den Widerstand seiner Kollegen auf vielen Ebenen gefördert, so dass er tatsächlich später das Abitur schaffte. Anschließend studierte er Psychologie. Seit Jahren leitete er mittlerweile mit großem Engagement und viel Herzblut ein Waisenhaus, ganz in der Nähe von Herrn Schobers Wohnort. Der Lehrer und sein Schüler hatten keinen Kontakt mehr, seit Dieter die Schule abgeschlossen hatte.

Dem kleinen Engel wurde sofort klar, dass Dieter Jacobi Herrn Schober helfen könnte, nur wusste er noch nicht so recht, wie er das anstellen sollte.

Nach kurzer Überlegung reifte in ihm ein Plan. Er bat einen Engel, der schon goldene Flügel hatte, ihm zu erklären, wie man es anstellen müsste, um einem Menschen im Traum zu erscheinen. Der erfahrene Engel gab ihm einige wertvolle Hinweise.

In der folgenden Nacht sah Dieter Jacobi dann im Traum eine Lichtgestalt, die in liebevollen, aber bestimmten Worten sprach: »Dieter, du wirst gebraucht! Deinem früheren Lehrer, Herrn Schober, der früher so viel für dich getan hat, geht es sehr schlecht. Er hat keinen Lebensmut mehr. Du musst ihm unbedingt helfen!«

Als Dieter kurz darauf erwachte, erinnerte er sich an jedes einzelne Wort, das er im Traum vernommen hatte. Er hatte den Eindruck, gar nicht geträumt zu haben, sondern von einem sonderbaren Wesen aufgesucht worden zu sein.

Sogleich fiel ihm wieder sein ehemaliger Lehrer ein und er dachte: »Der gute Herr Schober! Das war ein ganz, ganz feiner Mann. Ja, wenn es ihm schlecht geht, muss ich was unternehmen.«

Dann suchte Dieter Jacobi im Internet nach Herrn Schobers Adresse und ging noch am gleichen Nachmittag zu ihm.

Herr Schober war ganz erstaunt, Dieter, den er sofort wiedererkannte, vor sich zu sehen. Seit langer Zeit sah man wieder ein leichtes Lächeln über Herrn Schobers Gesicht huschen.

Die beiden unterhielten sich einige Stunden sehr angeregt. Natürlich sagte Herr Schober nicht, dass er vorhatte, seinem Leben ein Ende zu setzen. Aber er schilderte schon, dass er sein Leben als ziemlich sinnlos erachtete, da er jetzt nicht einmal mehr eine Arbeit hätte.

Darauf sagte Dieter Jacobi: »Aber lieber Herr Schober, mich muss wohl ein Engel zu ihnen geschickt haben! Seit Monaten suche ich vergeblich nach einer Lehrkraft für mein Waisenhaus, die sich um die Betreuung und Erziehung der Kinder kümmert. Einen besseren und gütigeren Pädagogen als Sie könnte ich mir gar nicht wünschen!«

Schon am folgenden Montag übernahm Herr Schober freudig und elanvoll seine neue Aufgabe.

Der kleine Engel strahlte vor Glück! »Das hat ja ganz gut geklappt!«, dachte er.

Da kam der Erzengel freudig auf ihn zu und sprach: »So mein lieber Engel, die goldenen Flügel hast du dir redlich verdient! Bei unserer nächsten Zusammenkunft werde ich sie dir im Rahmen eines kleinen Festaktes feierlich verleihen.«

Der Mensch und sein lieber Gott

In den sel'gen Kindertagen
hat der Mensch noch festen Halt.
Er braucht nur die Eltern fragen,
die erzählen ihm dann bald
von dem lieben Gott dort droben,
der sie liebt, schützt und bewacht.
Ihn werden sie dann stets loben,
da Er alles so gut macht.

Reift der Mensch dann Jahr um Jahr,
wird ihm Gott fast einerlei.
Oft sagt er, es sei nicht wahr,
dass Gott reales Wesen sei.
Macht, Geld und noch and'ren Herrn
dient er nun mit ganzer Kraft.
Doch die Zeit ist gar nicht fern,
dass das inn're Leere schafft.

Erst im Alter fühlt er weise,
dass ihm etwas Großes fehlt,
was auf seiner Erdenreise
und auch noch danach voll zählt.
Was soll er sich nun noch quälen?
Er holt den lieben Gott herauf,
der nur taugt für Kinderseelen.
Ja, so ist der Lebenslauf!

Das Menschenwerk

Endlich steht der Bauherrn Pracht,
die gereicht zur Menschheit Zier!
Was die Menschen da vollbracht,
sucht wirklich seinesgleichen hier.

Dieses Bauwerk versetzt in Staunen,
Tausend Meter hoch und breit!
Es trotzt der Wetter Launen
und überlebt die Menschenzeit.

So spricht der Mann vom Staat,
der das Wunder lobt und preist
und der dieser Menschen Tat
ewigen Bestand verheißt.

Alle Gäste dieser Weihe
schließen sich der Hymne an.
Keiner tanzt da aus der Reihe,
wie man deutlich sehen kann.

Doch es tanzen ganz hoch oben
dunkle Wolken, die ganz nah,
und es beginnt zu toben
ein Sturm, wie man ihn noch nie sah.

Es dauert nur ein paar Sekunden,
bis das Werk zusammenkracht.
Alles ist spurlos verschwunden,
was von Menschenhand gemacht.

Nur blieben wie durch ein Wunder
all die Menschen unverletzt.
Fort ist nur der Plunder,
auf den sie vorher so gesetzt.

Die Naturgewalten schweigen,
sie ließen die Menschen unversehrt.
Vielleicht wollten sie nur zeigen,
wem Verehrung stets gehört!

Der Totenkult

Der Freund, er stirbt dahin.
Wir fragen nach dem Sinn.
Wir geleiten ihn zu Grabe
und teilen auf sein Habe.
Doch wo nur geht er hin?

Unsere Trauer, sie ist groß,
basiert sie auch auf Selbstsucht bloß.
Den, den wir als Freund erkoren,
haben schließlich wir verloren.
Ist das nicht ein grausam' Los!

Wir schmücken sein Grab mit Kränzen.
Wer nach nur so wenig Lenzen
musste schon den Ausstand geben,
hatte nicht sehr viel vom Leben.
Da soll seine Gruft doch glänzen.

Doch dem Freund in der Seelenwelt,
da irgendwo am Himmelszelt,
fehlen aber jetzt die Augen.
Ihm kann der Schmuck nicht taugen,
der ja doch nur uns gefällt.

Unser Weinen und auch Klagen
kann er jetzt nur schwer ertragen.
In unser Fühlen und Denken
kann er sich hineinversenken.
Könnten wir ihn nur fragen!

Erst wenn wir so recht einsehen,
dass der Freund nur kann verstehen,
was wir in uns'rem Herzen tragen,
und wir tiefster Trauer entsagen,
kann er den Weg zur Reife gehen.

Die Reise

Plant der Mensch 'ne ferne Reise,
bereitet er sich gründlich vor.
Auf so manche Art und Weise
lässt er vieles an sein Ohr.
War er noch niemals in dem Land,
stellt er Leuten viele Fragen,
denen das Ziel schon ist bekannt.
Sie haben gar viel zu sagen.
Er kauft Bücher, Landschaftskarten,
surft im Internet, fast jede Nacht.
Schließlich will er ja erst starten,
nachdem er sich hat schlau gemacht.

Ohne diese vielen Pläne,
ohne das in Büchern Wühlen
würd' er sich in fremder Szene
völlig fremd und hilflos fühlen.

Nun gibt es aber eine Reise,
vor der der Mensch nicht fliehen kann.
Der Reiseführer tritt ganz leise
an den Reisegast heran.
Und er reicht ihm seine Hand,
wenn man nun zusammen startet
in das nahe Geisterland,

wo man ihn bereits erwartet.
Dieses Land war nicht zu finden
in Büchern, die er hat besessen.
Und er wollte sich nicht schinden
und hat das fremde Land vergessen.

Ohne jegliches Verstehen
für das Land der großen Geister
hofft er nun alles zu sehen,
was nur möglich ist für Meister.

Die spirituelle Seite des Todes

Christus-Impuls, Reinkarnation,
Leben nach dem Tod und
Sinn des Lebens

© 2019 Justen, Josef F.

BoD – Books on Demand,
Norderstedt

ISBN: 9783732284955

Der Autor gibt in diesem Werk in einer sehr sachlichen und dennoch durchaus spannenden Weise Antworten auf viele spirituelle Fragen und beleuchtet geistige Hintergründe, welche die Seelen vieler Zeitgenossen bewegen.

Neben einer eingehenden Behandlung der Reinkarnationsfrage beschreibt er insbesondere in großer Ausführlichkeit, was die Seele eines verstorbenen Menschen in den geistigen Welten erfährt und erlebt. Diese ungewöhnlich detaillierten Darstellungen orientieren sich in erster Linie an dem großen Wissensschatz der Anthroposophie. Sie berücksichtigen aber sehr wohl auch Schilderungen anderer Quellen, die heute ebenfalls jedem zugänglich sind.

Geschichten über Gott, Engel und Menschen

tiefsinnige Kurzgeschichten

- Band 1 -

© 2019 Justen, Josef F.

BoD – Books on Demand,
Norderstedt

ISBN: 9783749429271

In Vorbereitung:

Josef F. Justen

Eine Seele erzählt
aus dem Jenseits

ein spiritueller Roman

Erscheinungsdatum: voraussichtlich Sommer 2020